人と運を引き寄せる心理法則

成功する人が実践している１０８の習慣

植西　聰◎著

●はじめに

私はこれまで、起業家として大成功をおさめた人や大いなる夢・願望を実現させた人とお会いする機会をたくさん得てきました。

そんな彼らを見ていて、一つの大きな共通点があることを発見しました。

それは、どの人も、努力や才能といった自力以外に、ある特定の人の応援や協力、すなわち「人の縁」という他力によって、成功や願望実現のチャンスをつかんでいるということです。いい換えると、運命の好転の担い手ともいうべきキーマンの力添えによって自己実現を果たしているのです。

そのキーマンのことを私は「運命の人」と名づけました。

本書では、どうすれば運命の人との縁を作り出すことができるか、どうすれば運命の人と出会うことができるか、運命の人との縁を深めるためにはどうすればいいのかを、簡潔・明解に説いていています。

縁というものは、潜在意識の働きや『シンクロニシティ現象』が大いに関係しています。その点についても詳しく述べましたので、本書を読めば心の法則が理解できるでしょう。また、「運を良くしたい」「人生にツキをもたらしたい」「願望をかなえたい」と考えている人にとっても、本書が格好の座右の書になるであろうことを確信しています。

また、成功者・偉人と呼ばれる人の実例は若干にとどめ、等身大の実例をできるだけ多く盛り込みましたので、本書を読みすすめていけば、「私にだって運命の人と出会う可能性が十分ある」「ひょっとしたら、近々、運命の人と出会えるかもしれない」という自信と希望がわいてくるはずです。そして、これからの生活が毎日、楽しくなり、充実していくはずです。

いずれにしても、数年後、人の縁、すなわち運命の人との出会いによって、あなた自身の運命が大きく変わり、人生の飛躍・発展を感じる動機が、本書によってもたらされたことを思い出していただければ、筆者にとってこれに勝る喜びはありません。

第2章 調和的人間関係が「縁」を生み出す

第3章 「縁」を引き寄せる法則 その1 心の体質を変える

第4章　「縁」を引き寄せる法則　その2　人を立てる　91

第6章 「縁」を引き寄せる法則 その4 人に尽くす 139

第7章 「縁」を引き寄せる法則 その5 生きがいを担ってくれる願望を持つ

第8章 あなたが動けば、「縁」が生まれる ―運命の人と出会う法―

第10章 「縁」を強化すれば、運命は思い通りに操れる

第1章

幸福は「縁」によって
もたらされる

運のいい人、成功者と呼ばれる人は、「人の縁」を大事にします

成功するための要素とは何かと尋ねられたら、あなたなら何を真っ先に挙げるでしょう？

「目標達成に向けての明確なビジョンを定めることである」

「先見の明を養うことである」

「パイオニア精神を持って積極的に行動することである」

このように、いろいろ挙げられると思いますが、これらにプラスして、もう一つ大変重要な要素があるといったら、あなたなら何を連想するでしょう？

それが何であるかを述べる前に、ある実業家の話をしてみたいと思います。

だいぶ前のことですが、東北の寒村から上京し、ゼロの状態からスタートして一代で巨万の富を築き上げることに成功した男性がいました。ところがあるとき、不況のあおりを受けて、彼の会社は倒産し、一文無しになってしまったのです。

男性のことを哀れに思ったのでしょう。知人が、「このたびは大変なことになりましたが、どうか失望なさらないでください」となぐさめの言葉をかけると、男

性はこう答えたのです。

「会社が倒産したからといって、私は別に落ち込んでなんかいません。それに私が失ったのはお金であって人ではありません。私が作ったのはお金ではなくて、人の縁です。人の縁さえあれば、お金なんか、またいつでも作ることができます」

そして、この言葉どおり、男性は会社を再建させることに成功し、再び、巨万の富を築き上げることができたのです。

この話を通して何がいいたいかというと、成功するためのもっとも重要な要素とは「人の縁」であり、成功者と呼ばれる人の大半は努力や才能といった実力以外に、縁によって飛躍や発展のチャンスをつかんでいるということです。

ひと言でいえば、いくらポジティブに考えて行動しても、「人の縁」なくして人生の成功はありえないということです。

逆に、環境や条件が悪く、ハンディがあったとしても、「人の縁」に目覚め、それを大事にする人は、いつか必ず成功への道が開け、人生はその人が望んだ方向に展開していくようになるのです。

「人の縁」なくして成功は望めない。まずは、このことをキチンと理解してください。

縁には「良縁」と「悪縁」の二つがあります

前項で、成功するためのもっとも重要な要素とは「人の縁」であり、成功者と呼ばれる人の大半は努力や才能といった自力以外に、縁という他力によって飛躍や発展のチャンスをつかんでいると述べました。

しかし、ひと口に「人の縁」といっても、縁には良縁と悪縁の二つがあることを忘れてはなりません。

良縁とは何かというと、あなたの気分をポジティブにしてくれたり、成功や願望実現のチャンスやツキといったラッキーな現象をもたらしてくれる人、すなわち、運命好転の担い手のことをいいます。これに対し、悪縁とは、あなたの気分をネガティブにしたり、あなたの人生に失敗や停滞を招き寄せる人、つまり、あなたの運命好転の足かせになる人のことをいいます。

ここで注意していただきたいのは、良縁をないがしろにして悪縁に縛られつづけると、運命は好転するどころか、ますます悪化してしまうということです。そうならないためには、悪縁をなるべく断ち切り、良縁を育むことが重要です。

あなたの場合はいかがでしょう？　良縁をないがしろにして、悪縁に縛られてはいませんか？　以下にチェックリストを設けましたので確認してみましょう。該当する項目があるようなら、その相手とはなるべく距離を置いて付き合うか、最悪、関係を断ち切ってしまうくらいの覚悟を持ったほうがいいかもしれません。

□Aさんと会うと、誰かの悪口をいい合ったり、不平不満をこぼし合っている。
□Bさんから、よくギャンブルに誘われる。そのため、お金を浪費してしまう。
□Cさんと会うと、いつも深酒をしてしまう。
□Dさんと会うと、グチばかりこぼされるので、気分が滅入ってくる。
□Eさんは悲観論者なので、話していると、こちらの夢と希望まで失せてくる。

もちろん、こういった人との関係を清算するのは容易なことではありません。しかし、「悪縁から遠ざかろう」と意識することによって、プラスの波動に満ちた新たな縁、すなわち、良縁の芽が生まれるようになるのです。

良縁の象徴「運命の人」の存在に気づけば、運命は一変します

具体的にどうすれば、良縁の芽を作り出すことができるのかをお話しする前に、ここであなたに質問をさせていただきます。

これまでの人生を振り返ってみて、ある人がきっかけで、こんな変化を体験したことはないでしょうか？

「担任の先生が変わった途端、勉強に身が入るようになり、成績が上がった」
「新しい上司の下で働くようになった途端、営業成績がみるみるアップした」
「数年前に入社した後輩の勧めで、ヨガを始めるようになってから、体調がすこぶる良くなった。ダイエットにも成功した」

もし、似たような経験をしたことがあるなら、それは良縁と考えていいでしょう。というのも、その人たちは、あなたの運命を好転させたり、人生にツキをもたらしてくれるラッキーパーソンである可能性が高いからです。

そういう人のことを私は「運命の人」と呼んでいます。

実際、運の良い人、成功者と呼ばれる人は、大なり小なり、こうした運命の人

との出会いをきっかけに、人生を開花させることができたといってもいいのです。

「無名の新人歌手が、ある音楽プロデューサーに見出されて、大ヒットを飛ばした」

「無名の作家が、ある編集者のおかげで、ベストセラー小説を書き上げることができた」

といった話はよく耳にするものです。

ここで重要なことは、運命の人は遠いどこかではなく、身近に存在するということです。肩を並べて仕事をしている同僚がそうかもしれません。あなたにゲキをとばした上司がそうかもしれません。出入り業者や取引先の担当者の可能性だって考えられます。ひょっとしたら、久しくご無沙汰している学生時代の恩師や同級生がそうかもしれません。あなたの運命の人を、本書で私と一緒に探していきましょう。

次の項では、運命の人にはどういう特徴があるのか、あなたにどういうメリットをもたらしてくれるのかを詳しく述べていきたいと思います。

運命の人は、あなたに成功のチャンスを運んでくれます

あなたの身近にこんな人はいないでしょうか?

「いつも仕事に役立つ情報を提供してくれる人がいる」

「上司の○○さんは、いつも何かと目をかけてくれる」

「脱サラをして開業するなら、資金を提供してもいいと申し出てくれる人がいる」

もし、思い当たるフシがあるなら、その人との縁はなるべく大切にしましょう。

というのも、そういう人はあなたの人生の成功をお手伝いしてくれる、運命の人である可能性が高いからです。

その好例が京セラの創業者・稲盛和夫《いなもりかずお》さんです。

京セラを興す前、稲盛さんは京都にある碍子《がいし》(陶磁器や合成樹脂製の器具)を作る会社で働いていました。そのとき、上司の青山政次さんという人が何かと目をかけてくれ、仕事に行き詰まったり、困ったことがあると、いつも相談に乗ってくれました。

そして、稲盛さんがセラミック製品の開発方針をめぐって、会社の重役たちと

対立したときも、「私が応援するから、会社を作りなさい」といって、独立を勧めてくれたのです。

つまり、今日の京セラがあるのは、稲盛さん一人の力だけではなく、彼にエールを送りつづけた青山さんのおかげでもあるのです。

あなたの周りには、青山さんのような人間が存在するでしょうか？

もし、いないというなら、今からでも遅くはありません。日頃から、他人と良好な人間関係を築くように心がけ、あなたの良き理解者を一人でも多く確保しておくことです。そのためには、上司のいうことにむやみに反発せず、聞き耳を立て、「なるほど、そうか」と思ったら素直に従ったり、部下や後輩といった目下の人間たちの面倒をなるべく見てあげることが重要です。

そうすれば、お互いの縁が強まるだけでなく、ある日、「ああ、あの人が運命の人だったのだ」ということが実感できるはずです。そして、そのとき、あなたは成功するための大きなチャンスをつかんだことになるのです。

運命の人は、あなたの願望達成の担い手になってくれます

願望実現のチャンスを運んでくれる人といえば、あなたならどういう人を連想しますか？　「やっぱり、お金持ちの人かな」「目上の人や賢者だろうな」といったように、自分よりも立場の上の人を連想するのではないでしょうか。しかし、それは思い違いもいいところです。思いがけない人、意外な人との縁を深めることによって、願望がかなう場合が多々あることを忘れてはなりません。

次に紹介するAさんがまさにそうでした。

Aさんは、南の島に別荘を持つことをかねがね望んでいました。しかし、安月給のため、そんなお金などあるはずがありません。

そんなあるとき、Aさんはサイパンへ旅行に行き、Bさんという現地人と親しくなりました。現地の友人ができたことで、それからAさんは年に二～三回ほどサイパンへ行くようになりました。

すると、ある日、Bさんからこんな内容のメールが送られてきたのです。

「サイパンでもうすぐ議会選がある。私は議員に立候補するつもりなのだが、選

挙資金として、一〇〇〇ドル（約一二万円）ほど貸してはもらえないだろうか」

メールの内容を見たAさんが、大いに困惑したのはいうまでもありません。しかし、サイパンに行くたびにお世話になっているBさんのことを考えると、無下《むげ》に「ノー」ともいえません。結局、Aさんは「日頃の感謝賃だと思えばいい」と考え、お金を貸すことにしたのです。これが良い結果を生みました。

Bさんは議会選に落選してしまったものの、Aさんにこういってきたのです。

「選挙でお金を使い果たしてしまったため、借りたお金をすぐに返せず申しわけない。そのお詫びとして、叔父の家を別荘として使ってみないか？　叔父にキミのことを話したら、そういう友達は大事にしなさいといって、別荘を提供してくれたんだ」

こうして、Aさんはわずか一〇〇〇ドルでサイパンに別荘を持つことができたのです。

ですから、あなたも公私を問わず、わけへだてなく、人付き合いを大切にすることです。相手が誰であろうと、いつか願ってもないチャンスを運んできてくれるかもしれません。人の縁に敏感になることで、願望達成の担い手となってくれる運命の人と遭遇する確率も、それだけ高まるようになるのです。

運命の人は、あなたの人生にツキをもたらしてくれます

だいぶ前のことですが、ある陽明学者《ようめいがくしゃ》が主宰する勉強会が、大好評を博したことがありました。それもそのはずです。参加者がいうには、その勉強会で陽明学者に接すると、こんなぐあいにツイていることがどんどん起こるらしいのです。

「あきらめかけていた司法試験に合格し、念願の弁護士の資格を取ることができた」

「激戦区だったにもかかわらず、参議院選挙に初当選した」

「勉強会に出席した直後、大口の取引を結ぶことに成功し、部長に昇進した」

「勉強会に参加するようになったら、お店がどんどん繁盛するようになった」

残念なことに、その後、その陽明学者は亡くなったため、その勉強会も自然消滅したようです。

この陽明学者の場合と同様に、「この人と付き合うと運が開けてくる」「この人と会うとツキがもたらされるみたいだ」と感じた相手は、運命の人の可能性が高いと考えましょう。そして、その人との縁を大事にしてはいかがでしょう。

不動産会社に勤務するYさんなど、その好例といえるかもしれません。

Yさんはいっとき、営業成績が伸び悩み、リストラに遭うのは時間の問題とされていました。

ところが、新任の部長の下で働くようになった途端、状況が一変しました。あれほど悪かった営業成績がどんどん良くなっていったのです。そればかりではありません。何年も失敗に終わっていた宅建（宅地建物取引主任者）の資格を取ることにも成功しました。さらに、その部長が紹介してくれたお見合い相手と、めでたく結婚するなど、とにかく良いことがたくさん起こるようになったのです。

繰り返しいうように、「この人と付き合うと運が開けてくる」「この人と会うとツキがもたらされるみたいだ」と感じる人が身近にいたら、その人との縁をなるべく深めるようにしてください。

では、身近にそういう人が見当たらない場合はどうすればいいのでしょう。

ご安心ください。たとえ今、そういう人が身近にいなくとも、次章以降で述べることを肝に銘じておけば、あなただって必ず付き合えば付き合うほど、運が開けてくる「運命の人」との縁を作ることができるのです。

運命の人は、あなたの悩みを解消してくれます

運命の人は、成功のチャンスを提供してくれたり、ツキを呼び込んでくれるといいました。しかし、運命の人の特徴はそれだけではありません。ゼロ地点に位置しているあなたの人生を、プラスの方向へ誘導してくれるばかりではなく、マイナス地点にいるあなたをゼロ地点に戻す働きもしてくれるのです。つまり、あなたが悩みや問題を抱えているとしたら、それを解消してくれるのです。

Mさんの話を紹介しましょう。

Mさんは、仕事の都合でアメリカ暮らしが長かったため、肉料理中心の偏《かたよ》った食生活を送っていました。そのせいか、体調が悪く、頭痛、めまい、腹痛などに、いつも悩まされていました。いくつもの病院を転々とし、さまざまな薬を試してみても、いっこうに体調が改善されないのです。

そんなあるとき、Mさんが体の悩みを知人のFさんに話したところ、名医と評判の漢方医を紹介してくれたのです。Mさんは、早速、漢方医のアドバイスに従い、食生活を肉食から菜食中心に切り替えて体質改善を行いました。すると、少

しずつ体調が良くなり、三年後には、別人のように元気になったのです。そして驚いたことに、九〇歳を過ぎた今でも病気知らずで、若々しく、元気に人生を謳《おう》歌《か》しています。

Mさんはこういいます。

「あのとき、Fさんに漢方の先生を紹介してもらわなかったら、私は五〇歳まで生きられなかったかもしれません。仮に長生きできたとしても、体が辛くて苦しんでいたに違いありません。寝たきりにもならず長寿でいられるのは、Fさんと漢方の先生のお陰です」

もし、あなたが今、腰痛で悩んでいたとしても、〝ゴッドハンド〟と呼ばれるすご腕の鍼灸師《しんきゅうし》のおかげで、腰痛が完治する可能性だってあります。遺産相続の問題で頭を痛めていても、偶然に知り合った名うての弁護士が、問題を一気に解決してくれる可能性だってあるのです。

悩みや問題を抱えていたとしても「いつか、きっと運命の人が助けてくれる」と、期待しようではありませんか。そうすれば、マインドがポジティブになり、生きる張り合いがわいてくるでしょう。

あなたのピンチを救ってくれる運命の人が、きっと現れます

人生もビジネスも順風満帆《じゅんぷうまんぱん》にいくとは限りません。山あり谷ありで、時には吹雪や嵐に見舞われることだってあります。実際、成功者と呼ばれる人は、そういう場面に何度も遭遇し、それを乗り越えてきています。

彼らの自叙伝や回顧録などをめくってみると、よくこんな一文が記されています。

「あのとき、もし、あの人との出会いがなければ、あのピンチを乗り越えられなかったかもしれない」

「あの人との縁がなければ、あの時点で、自分は挫折《ざせつ》していたかもしれない」

つまり再三いうように、成功者は自力以外に他人の援助や協力によって、ピンチや逆境を乗り越えているということです。そして、そういう救いの手を差し伸べてくれる人は、運命の人である可能性が高いのです。

実際、

「資金調達がままならず、いよいよ倒産かと思われた矢先、急にお金を貸してく

れる人が現れた。おかげで、倒産をまぬがれることができた」

「経営不振に追い込まれ、工場を閉鎖する直前になって、ある人が大口の取引先を紹介してくれ、ピンチから脱出することができた」

というような話はよく耳にするものです。

もちろん、あなただって例外ではありません。運命の人の存在に気づき、その人との縁を深めれば、逆境やピンチに陥ったとき、思いがけない形で、思いがけない人が、あなたを窮地から救ってくれるようになるのです。

「次の就職先が見つからず困っているときに、意外な人が就職先を斡旋《あっせん》してくれた」「閉店寸前に追い込まれていたお店が、ある人が雑誌に紹介してくれたおかげで繁盛するようになった」など、奇跡の逆転劇が起きるようになるのです。

そして、あなたをピンチから救ってくれる人との出会いは、単なる偶然ではありません。

詳細は第九章で述べますが、意味ある偶然の一致、すなわち『シンクロニシティ』によって必然的に出会う運命にあるのです。

運命の人は、楽しみと生きがいをもたらしてくれます

「趣味は何ですか？」「余暇の楽しみは何ですか？」と尋ねられたら、あなたなら何と答えますか？

「趣味はカラオケで、仕事帰りによくカラオケボックスに行く」

「余暇は、自宅でもっぱらテレビを観ている」

「ストレス解消を兼ねて、テニスをやる」

このようにいろいろ挙げられると思いますが、「心底楽しんでやっているか」「生きがいといえるのか」といわれたら、戸惑ってしまう人も多いでしょう。

「カラオケが趣味」という人だって、上司や取引先の付き合いでイヤイヤ歌っているかもしれませんし、自宅でテレビを観ているという人だって、ほかにやることがないから暇つぶしに観ているだけかもしれません。

しかし、人の縁に目覚めれば、そんなあなたの悩みだって瞬時に解決します。なぜなら、運命の人の特徴の一つとして、あなたの人生に楽しみと生きがいをもたらしてくれることが挙げられるからです。

OLのN子さんなどは、その好例といえるでしょう。

それは数年前の夏休みに、彼女が家族とハワイ旅行に行ったときのことでした。ツアースタッフでサーファーの日系人女性、S子さんの勧めで、初めてサーフィンにチャレンジしたところ、N子さんはその楽しさのとりこになってしまったのです。以来、N子さんは年に二回ほどハワイへ行き、S子さんに教わりながらサーフィンを楽しむようになりました。

そればかりではありません。かけがえのない友人となったS子さんと英語でメールのやり取りをするうちに、いつの間にか英語力がアップするという副産物まで得ることができたのです。つまり、S子さんと出会ったことがきっかけで、一石二鳥の効果が得られたわけです。

ですから、あなたも人から「〜をやりませんか」といわれたら素直に従ってみてはいかがでしょう。ましてや誘ってくれた相手がその道のエキスパートだとしたら、チャンスを逃す手はありません。その人との縁を深めるように努めてみましょう。もし、相手が運命の人なら、楽しみや生きがいが倍増するだけでなく、種々の恩恵を授けてくれるはずです。

あなたの魂は、運命の人との出会いで高められます

ここで、ちょっと話題を変え、幕末の志士・坂本《さかもと》龍馬《りょうま》にまつわるエピソードを紹介しましょう。

あるとき龍馬は、幕府の海軍奉行、勝海舟《かつかいしゅう》に面会を求めたことがありました。尊皇攘夷《そんのうじょうい》（天皇を尊び、外国人を追い払おうとする思想）に傾倒していた龍馬は、話の内容によっては、開国主義を重んじる海舟をその場で切り捨てようと考えていたのです。

しかし、事態は意外な方向に展開していきました。「新しい日本を作るためには、外国の良いところを見習い、取り入れなければならない。そのためには、相手が外国人であれ、わけへだてなく付き合う必要がある」という、海舟の新しい考えに惚れ込んだ龍馬は、その場で海舟の弟子になってしまったのです。以来、龍馬が「新しい国家作り」に向けて奔走《ほんそう》したのは有名な話です。

なぜ、こんな話をしたかというと、運命の人には、その人の魂や人格を高めてくれる特徴があることを強調したかったからです。つまり、龍馬にとって勝海舟

こそ、運命の人であったのです。

もし、あなたの身近に、「この人と会話をしていると、人生に大切なことがいろいろ学べる」「この人と付き合い出してから、人生観や価値観が良い方向に変わっていった」という人がいたら、その人との縁を深めるようにしてはいかがでしょう。実際、ある人との出会いがきっかけで、人生哲学や心の法則に目覚め、そのおかげで大成功したという人がたくさんいます。

また、職場の上司や同僚の中で苦言やイヤミばかりいってくる人がいたら、その人たちとの縁も大切にしましょう。職場は、ある意味、自分の精神や人格を磨く場所です。そういう人たちとの関わりを通して、人間関係の仕組みや人の心の痛みといったものが学べるのです。私の身近にも、上司のアドバイスに従い、言葉づかいを直した結果、トップセールスマンになることができ、今ではセールストークの達人になった人がいます。その人は、「今の私があるのは、口うるさい上司のおかげだ。あの人と出会わなかったら、自分はここまで成長できなかった」といっています。

イヤミや苦言ばかりいってくる人が、実は運命の人だったということが、人生には往々にしてあります。縁とはそういうところにも転がっているのです。

人との出会いには、すべて意味があります

『シンクロニシティ』という言葉をご存知ですか？　『シンクロニシティ』というのは、スイスの心理学者のユングが提唱した言葉で、「意味ある偶然の一致」のことをいいます。恋愛・結婚に限らず、人との出会い、縁というものは、一種の『シンクロニシティ』によって成り立っているといっていいでしょう。

どういうことかを理解するために、あなたが職場で仲良くしている同僚のAさんのことを思い出してみてください。Aさんと出会うために、あなたはどれだけの偶然を体験してきたことでしょう。生まれた年、生まれ育った環境、通った学校、今の会社に入社した経緯、入社後の研修、配属先……。こうしたプロセスを経て、ようやくAさんと出会えたわけですから、これはもう天文学的確率といっていいでしょう。

これらのプロセスの中で、あなたが一つでも違った選択をしたなら、Aさんとは永久に出会うことはなかったでしょう。それはAさんにとっても同じことがいえます。二人は、まさに意味ある偶然の一致によって出会っているのです。

では、二人はどうして意味ある偶然の一致によって出会ったのでしょう。人間の意識には、「顕在意識」「潜在意識」「宇宙意識」の三つがあり、お互いの心は「宇宙意識」においてしっかりと結ばれているのです。そのため二人は、「宇宙意識」の誘導によって、出会うべくして出会っているのです。

そして、これがとくに重要なことですが、運命の人に対しては初対面といえども、「なつかしい感じがする」「どこかで会ったような気がする」という感情がよぎる場合があります。どうしてかというと、「この人とは時空を超越した深層部分において深く結ばれていますよ」「前世から縁のある証拠ですよ」という「宇宙意識」からのメッセージが、あなたの意識に伝達されるからなのです。それゆえ、『シンクロニシティ』としかいいようのない出会いが、この現実の世界に起きるわけなのです。

あなたも、「運命の人との出会いは偶然ではない。必然的なことである」という認識のもと、この地球上にいる何千万、何億という人たちの中から一人でも多くの運命の人を見つけ出していこうではありませんか。あなたの運命の相手も、あなたとの出会いを心待ちにしているのです。

運命の人と出会いたければ、「運命の図」を作成しましょう

運命の人との出会いは『シンクロニシティ』によって起こるといいました。しかし、そのためには、相手との出会いを一方的に望む前に、あなた自身が縁を引き寄せられるような人間に生まれ変わらなくてはなりません。

運命の人がAという環境にいて、あなたとの出会いを心待ちにしているのに、あなた自身がBという環境にいつづけ、そこから抜け出そうとしなければ、出会いは永久に訪れないのです。つまり、縁を引き寄せることができなくなります。

この悪循環から抜け出すためには、あなた自身がまず「運命の図」をキチンと作成する必要があります。つまり、「運命は〝因果の法則〟で成り立っている」という認識のもと、心構え、考え方しだいで運命はいくらでも変えられるという自覚を持ってもらいたいのです。縁というもの、すなわち運命の人との出会いは、あなたが望む方向へ進んでいく過程で生じるからです。

たとえば、あなたに文才があるとします。そして、あなたの書いた小説をベストセラーにしてくれるXさんという編集者が、あなたの運命の人であるとしまし

ょう。しかし、あなたに小説を書く気などまったくなく、ほかの仕事をしていたら、Xさんとの出会いは期待できなくなります。つまり、縁が生まれにくくなるのです。

あるいは、文才があることすら気づかず、まったく別の生活を送りつづけていたら、Xさんとの出会いは永遠に期待できなくなります。縁が生じる可能性は限りなくゼロに近くなるわけです。

こうした過ちを犯さないためには、『因果の法則』の〝因〟をキチンと見つめなおす必要があります。そのためには、なりたい自分を明確にし、「将来、こうなりたい」「いつか、こうしたい」といった目標を掲げてもらいたいのです。

そうすれば、「運命の図」がすごろくゲームのように明確になります。「こちらの道に進んだら、なりたい自分にはなれない。人生が停滞してしまう」「あちらのほうへ行けば、なりたい自分に一歩近づける」といったことが、はっきりとしてくるのです。

そして、「運命の図」のスタート地点から最終到着地点に至る過程で、手助けをしてくれたり、道しるべの役割を果たしてくれる人が、ほかならぬ運命の人なのです。

プラスの感情を潜在意識にすり込めば、運命は好転します

「運命は〝因果の法則〟で成り立っている」という認識のもと、心構え、考え方しだいで、運命はいくらでも変えられるという自覚を持つことが重要だと述べました。

こういうと、「それは一部の人にだけ与えられた特権だ」「世の中、そう甘くはない」と反論する人がいるかもしれません。しかし、そう思うこと自体、すでにその人は、運命の好転を放棄したことになるのです。

なぜ、こう断言するかというと、私たちがいつも思っていることや考えていることは、想念として絶え間なく潜在意識にインプットされているからです。そして、潜在意識にインプットされたものは、その内容の善し悪しを問わず、現象となって現れるようになっているのです。

もう少し詳しく述べると、潜在意識には私たちの思考や感情を現実化する働きがあり、それは恐怖、不安、心配といったマイナスの感情、そして安心、希望、期待といったプラスの感情の両方に反応する仕組みになっています。そのため、

良いことを思えば良い現象が、悪いことを思えば悪い現象が人生に還元されるようになるのです。

さあ、今からでも遅くはありません。潜在意識の「思考を現実化させる力」を有効に活用して、運命はいくらでも変えられるという考えを人生の指針としようではありませんか。マイナスの感情をできるだけ抱かないように努め、代わりにプラスの感情で心を満たすようにしようではありませんか。

そうすれば、日頃の考え方もおのずと明るくポジティブになります。行動にも変化が生じるようになり、生き方も変わり、ひいては未来、すなわち運命までもが確実に良い方向に変わっていきます。

そして、その過程で、運命好転のヘルパーとしてあなたの前に現れるのが、ほかならぬ運命の人なのです。

最後に、成功哲学のオーソリティーと呼ばれたナポレオン・ヒルの言葉をもって本章の締めくくりとしましょう。

「成功者と呼ばれる人は、他者との出会い・つながり（縁）というものを、とても大事にしている。それによって、人生の内容が一八〇度変わることを知っているからである」

第1章のまとめ

◎成功するためのもっとも重要な要素とは「人の縁」である。成功者と呼ばれる人の大半は努力や才能といった実力以外に、縁によって飛躍、発展のチャンスをつかんでいる。

◎運の良い人、成功者と呼ばれる人は、運命の人との出会いをきっかけに人生を開花させている。

◎運命の人には、「成功のチャンスを運んでくれる」「願望達成の担い手となってくれる」「人生にツキをもたらしてくれる」「悩みを解消してくれる」「ピンチから救ってくれる」「人生に楽しみと生きがいを提供してくれる」「その人の魂を高めてくれる」といった特徴がある。

◎人との出会い、縁というものは、単なる偶然ではない。意味ある偶然の一致、すなわち『シンクロニシティ』によって成り立っている。

◎運命の人と出会うためには、心構え、考え方しだいで、運命はいくらでも変えられるという自覚を持つ必要がある。そのためには、『因果の法則』の〝因〟を見つめなおし、なりたい自分を明確にしなければならない。運命の人はその過程において現れる。

第2章

調和的人間関係が「縁」を生み出す

運命の好転を望むなら、「人の縁」を大切にしましょう

人、モノ、お金。この三つの中で、あなたは何を重視していますか？

「なんだかんだいっても、お金だ。お金があれば、たいていの問題は解決する」

「私の場合、モノだ。たくさんのモノに囲まれると幸せな気分になれる」

もし、このように考えているなら、運命の好転が難しくなるので、注意が必要です。お金やモノでは、恒久的な幸せを得ることが難しいからです。

株などがいい例です。株をやってお金を儲けることができると、たいていの人はそのお金をさらに増やすことを考えます。しかし、それだと「やれ儲かった」「やれ大損した」と、一喜一憂を繰り返すだけで、気の休まる暇がありません。そのため、神経がどんどんすり減ってしまい、心の安らぎが得られなくなってしまいます。そんな人生が果たして幸せといえるでしょうか。

モノにしたって同じです。車にせよ、マンションにせよ、それを手にした瞬間は確かに嬉しいかもしれません。しかし新しいモノが登場すれば、今度はそちらに目移りするようになります。そのため、「今度はあれが欲しくなった」「次はあ

れが買いたい」という物欲に心が支配されるようになります。結局、いつまで経っても満足感が得られなくなってしまい、これまた幸福とは縁遠い人生を歩まざるを得なくなってしまいます。

その点、人の縁は増えても困ることはありません。困ったときに助けてくれる人、応援してくれる人、協力してくれる人、救ってくれる人などが身近に一人でも多くいれば、孤独に悩むこともありません。勇気と自信だってわいてきます。

ましてや、その中にあなたの成功や願望達成を担ってくれる運命の人がいたら、とても幸せな気持ちになれます。「ありがたい」という感謝の念に満たされ、毎日が楽しく充実してきます。

あなたもそういう人を一人でも多く作ろうではありませんか。そのためには、単なる人脈のレベルではなくて、魂のレベルでつながっている運命の人がこの世に必ず存在することを信じ、日頃から他人と良好な人間関係を築いておく必要があります。

では、具体的にどういったことに注意を払えばいいのでしょう。本章では、そのへんのポイントについて述べていきたいと思います。

「人の縁」を育むには、人を見た目で判断しないことです

三五年以上もつづいている長寿番組、テレビドラマ『水戸黄門』。その人気の秘密は、勧善懲悪《かんぜんちょうあく》（善を勧め、悪をこらしめること）をコンセプトにしている点にあるのでしょう。視聴者の多くは、悪代官や悪家老が印籠《いんろう》を見た瞬間に黄門様にひれ伏す場面を観ると、スカッとするといいます。

なぜでしょう。このことについて、ある心理学者が次のように分析しています。

「人は相手を往々にして、見た目で判断する傾向がある。高価な背広を着た人に対しては敬意を表するが、ボロボロの衣服をまとった人に対してはさげすむ傾向がある。そういう心の色メガネをかけた悪人が、普通の老人に見える黄門様にこらしめられる点に、快感を覚えるからではないか」

この話はけっして他人事ではありません。あなたも、「あの人は高価なモノを身につけているからお金持ちのはずだ」「あの人は高級マンションに住んでいるから資産家だろう」というように、人を見た目で判断していませんか？　もし、そうなら運命の人とは出会えないかもしれません。なぜなら、感覚、性格、価値観と

いった波長の一致をなおざりにしているからです。

そこでこれからは、身勝手な妄想など抱かないように努め、「感覚が合う」「性格や価値観が似ている」「一緒にいると愉快な気分になる」といった点を重視するように心がけてはいかがでしょう。たとえ見た目がパッとしない人でも、あなたの願望達成に欠かせない情報を提供してくれたり、あなたが長年抱えていた問題を解決してくれることだってあるのです。

人を見た目で判断すると、あなた自身が後悔や失望をすることになりかねません。たとえば、「あの人は高級マンションに住んでいるから資産家に違いない」と思っていても、実際は毎月のローンの支払いで四苦八苦しているかもしれません。それを知ったあなたの理性が拒否反応を起こし、とたんに相手のことが嫌いになってしまう可能性だってあります。

その点、運命の人というのは、あなたの潜在意識が「いいな」と判断した人を指し、見た目とは一切関係のないところで好感を抱くという特徴があります。あなたが抱いていたイメージと相手の実情が違っていたとしても、それが原因で相手のことが嫌いになるということはないのです。それでも、あなたは人を見た目で判断しますか？

「人の縁」を育みたければ、人を見下さないことです

タイに古くから伝わる民話を紹介しましょう。

昔、ある島に暮らしている動物たちが、カメのことを「のろま、のろま」といってバカにしていたことがありました。そんなあるとき、一匹のネズミがほかの動物たちに向かって、こんな提案をしました。

「カメを誘って、みんなで川へ泳ぎに行かないか。カメはのろまだし、水の中に入っても泳げないに決まっている。カメをバカにしてやろう」

こうして動物たちは川の中へ入っていったのですが、その途端、彼らめがけて大蛇が襲ってきました。彼らは一匹残らず、大蛇に飲み込まれてしまったのですが、カメだけは泳ぎが速かったため、難を逃れることができました。そして、大蛇に飲み込まれる瞬間、ネズミはこう思ったのです。

「陸地ではあんなにのろまなカメが、水の中であんなに速く泳げるとは知らなかった」

さて、こんな話をしたのはほかでもありません。前項で述べたことと関係しま

すが、人を見下すような態度をとると、大いに後悔するということをいいたかったからです。

あなたの場合はいかがでしょう？「あの人は高校しか出ていないから、たいして仕事もできないだろう」とか、「あの人は所詮下請け業者だから、たいした力がないに決まっている」といって、相手をさげすんだり、バカにしたりしていませんか？

もし、思い当たるフシがあるなら、今すぐ、そういう態度を改めることです。自分の固定概念だけで人を判断するのはやめましょう。高校しか出ていないといっても、実はかなりやり手で、あなたよりもはるかにスキルを積んでいるかもしれません。英語だってペラペラで、何か国家資格を持っているかもしれません。

下請け業者にしても同じです。たいした力がないと思っていても、実際は、あなたが大口の取引を望んでいる会社に顔がきく人かもしれないのです。

ですから、相手が誰であれ、感覚、性格、価値観といったメンタルな部分を重視して、人に接していくようにしようではありませんか。

その気持ちを大切にしていけば、あるとき、意外な人が運命の人であることを、あなたは肌で痛感するようになるのです。

批判は、「人の縁」を遠ざける呪文のようなものです

あなたは友達や同僚と、いつもどんな会話をしていますか？

「A君に本を貸したのに、いつになっても返さない。どういう神経をしているんだ」

「B子ってひどいのよ。私の誘いを断って、さっさと合コンに行っちゃうんだから」

このように、人の批判ばかり口にしてはいませんか？　もしそうなら、良好な人間関係を築くことはできません。従って、人の縁も生じにくく、運命の人となかなか出会えないといっていいでしょう。

なぜでしょう。理由は二つあります。一つは、批判ばかり口にしていると、それが習慣となってマイナスのことばかり考えるようになってしまうからです。すると、言動が暗くなり、それが人との対話にも現れます。そのため、相手は不快感を抱くようになり、その人のことを敬遠するようになります。その結果、縁がどんどん遠のいてしまうわけです。

もう一つの理由は、心理学でいうところの『ハロー効果』によって、相手のすべてが悪く思えてしまう点が挙げられます。『ハロー効果』とは、人物や物事を評価するとき、プラス（もしくはマイナス）の特徴があると、そのほかの評価要因に対してもプラス（マイナス）の印象を抱き、それがどんどん拡大していく心理作用のことをいいます。特定の人を批判しつづけると、こんな具合にその人に対するイメージが悪いほうへ悪いほうへと膨らんでいく可能性があるのです。

「Aは貸した本を返さない」→「Aは借りたモノを返さない、だらしのないヤツだ」→「Aにお金を貸しても、戻ってこないにちがいない」→「アイツには、モノもお金も貸すのはやめておこう」→「Aはすでに方々に借金をしているかもしれない」→「ギャンブルにでものめり込んで、だらしない生活をしているにちがいない」→「とばっちりでひどい目に遭うと損だから、深く付き合うのはよそう」

本当はいい人であっても、また、運命の人の可能性があっても、こんなふうにあなたのほうが毛嫌いしてしまうため、縁など生まれるはずがありません。もし、批判を口にしたくなったら「批判は縁を遠ざける」と自分自身にいい聞かせ、極力つつしむようにしましょう。それだけでも、運命の人と出会う確率が大幅にアップするようになるのです。

相手の長所だけを見るようにすれば、良縁の芽が生まれます

前項で、他人の批判ばかりを口にするのはつつしんだほうがいいと述べましたが、その対策として、相手の長所に目を向けるようにしてはいかがでしょう。

長所に目を向けると、先に述べた『ハロー効果』がプラスに働くようになります。その人に対するイメージが良いほうへ良いほうへと膨らみ、それに伴って、好意や尊敬の念、親近感などがわくようになるのです。

「この人は、字が上手だ」↓「こういう字を書く人は、頭が悪いわけはない」↓「それなりの教養や知性を備えているはずだ」↓「文字には心が表れるというから、きっと人間性も良いのだろう」↓「しつけのキチンとした家庭で育ち、家族も皆いい人にちがいない」↓「そんな素敵なこの人ともっと親しくなりたい」

しかし、なかには、「それでも相手の長所が全然見えてこない」という人だっているかもしれません。

そういう場合は、心理療法でいうところの『内観法』を実践してみることをお勧めします。

『内観法』とは、浄土真宗の一派に伝わる修行法をもとに、一般の人にもできるセラピーの方法として確立された、日本独自の心理療法のことをいいます。

といっても、そんなに難しいことではありません。相手の「これまでしてもらって嬉しかったこと」「助かったこと」などを具体的に思い出せばいいのです。

もちろん、最初のうちは抵抗を感じるかもしれません。しかし、冷静になって振り返ってみれば、「あのとき、お弁当を買ってきてもらった」「忙しいときに、コピー取りを手伝ってくれたことがあった」というようなことが、思い出せるようになります。そうすれば、「あの人にも優しいところがあるんだ」「けっこういい人かもしれない」と思えるようになり、親しみや愛情がわいてくるようになるわけです。

欠点のない人など、この世には一人もいないのです。唯一問題があるとしたら、それは、そのことを気にするあなたの心です。

人の縁を多く作り出している人は、相手の欠点など度外視して、相手の長所しか見つめていないのです。

コンプレックスを抱くと、「人の縁」が遠ざかっていきます

「英語が苦手で全然しゃべれない」

「運動が苦手だ」

このように、人には誰にだってコンプレックス（劣等感）というものがあります。しかし、必要以上にそのことに気をとられると、対人関係に支障をきたし、人の縁まで遠のいてしまうので、注意が必要です。

なぜ人の縁まで遠のいてしまうのでしょうか。

第一に、コンプレックスを隠そう隠そうとすると、そちらのほうに意識が傾いてしまう点が挙げられます。すると、物事に対する集中力がなくなり、仕事の効率が悪くなります。決断力や判断力だって鈍くなります。それればかりではありません。ほころびが出ないように取り繕《つくろ》うことばかり考えるようになるため、神経がすり減り、ストレスまでたまります。そのため、他人と良好な関係を築こうとする余裕がなくなってしまうのです。

第二に、コンプレックスを抱きつづけると、「どうせ私なんか……」という被害

者意識が強くなり、考え方や行動が消極的になってしまう点が挙げられます。そうなると、人前に出るのが億劫《おっくう》になり、人としゃべっていても、どこか不自然な対応になり、会話もぎこちなくなります。それは相手も同じで、その人に対して、どこか不自然さを感じるため話も弾みません。そのため、お互い思うようにコミュニケーションがとれなくなってしまうわけなのです。

では、コンプレックスを克服するためには、どうすればいいのでしょう。まず、あなたならではの、得意なモノや特技を持つことをお勧めします。「パソコンの操作が得意中の得意だ」「テニスだけは自信がある」「英検一級の資格がある」といったものが一つでもあれば、自分のコンプレックスがさほど気にならなくなります。

また、「中学生のとき、書道展に入賞した」「高校生のとき、弁論大会で優勝した」といった、過去の成功体験を思い出してみるのも一つの手です。そうすれば、自信が強化され、コンプレックスが次第に消滅していくはずです。

さあ、今述べた方法をヒントに、コンプレックスを捨て去り、どんどん人の中に入っていってください。縁のほうがあなたを心待ちにしています。

人を妬んだりうらやむと、縁が寄り付かなくなります

これまでの人生を振り返ってみて、こういう体験をしたことはないですか？
「仲の良い友達に恋人ができ、妬《ねた》みつづけている間は、なかなか自分に彼氏ができなかった」
「同僚が営業ノルマを達成し、自分よりも先に主任に昇格した。そんな同僚に対して、『彼は上司に取り入るのがうまい』とうらやんでいる間は、自分の営業成績はいっこうに向上しなかった」

実は、これにはキチンとした理由があります。他人を妬んだり、うらやんだりする気持ちは、自分への敗北感や不快感につながります。その気持ちがマイナスの想念となって潜在意識にインプットされると、不幸な現象が起きるようになるのです。

ですから、友人に嫉妬《しっと》したり、同僚をうらやむなどの感情を抱きつづけると、そのネガティブな想念を受け取った潜在意識の働きによって、人生がうまくいかなくなってしまいます。運勢が停滞してしまうのです。

また、これがもっとも重要なことですが、他人の幸福や成功を妬んだり、うらやんだりすると、その感情が言葉や態度にも現れるようになります。すると、「あの人はとげとげしいところがある」「あの人は卑屈《ひくつ》な感じがする」という印象を他人に与えてしまうため、人が寄り付かなくなってしまうというデメリットまで生じてしまうのです。

あなたも、他人の幸福や成功を妬んだり、うらやんだりするのをやめ、その逆の行為を行おうではありませんか。

「他人の幸せを豊かな気持ちで祝福しなさい。それは同時に、あなたが自分を祝福していることを意味します」とは、潜在意識研究の第一人者として知られるジョセフ・マーフィーの言葉です。

他人の幸せを祝福すれば、自分の心に豊かさが生まれます。その結果、潜在意識の『おうむ返しの作用』によって、あなたもまた祝福されるようになるのです。

打算で動くと、縁が消滅してしまいます

「用あるときの地蔵顔、用なきときの閻魔顔《えんまがお》」ということわざをご存知ですか？「人は、頼み事や用事があるときはお地蔵様のように柔和《にゅうわ》な顔で接してくるが、用事がないときは、地獄の閻魔様のように無愛想な顔をすることが多い。とかく人は身勝手なものだ」といったことを解き明かしていることわざです。それを表す好例として、AさんとBさんという二人の旅行作家の話をしましょう。

Aさんは、出版社に勤務するTさんという編集者のおかげで、その出版社から何冊かの本を出していました。Aさんは、次の本も出してもらいたい一心で、いつもTさんにゴマをすったり、食事をごちそうしたりしていました。しかし、Tさんがその出版社を退職し、フリーの編集者になった途端、Aさんの態度は一変しました。「あの出版社から本を出したいために、これまでTさんには良くしてきたが、フリーになってしまってはもう利用価値はない。相手にするのは時間の無駄だ」と考え、Tさんが電話をかけてきても冷たくあしらうようになり、年賀状すら出さなくなってしまったのです。

これと対照的なのが、同じ旅行作家のBさんです。やはりTさんのおかげでその出版社から何冊か本を出すことができたので、Tさんにはいつも感謝していました。Tさんが退職してフリーの編集者になった後も、コンスタントに連絡を取り合い、時々食事をごちそうしたり、Tさんの持病の腰痛が悪化したときなどは腕利きの整骨院を紹介してあげたほどでした。

そんなあるとき、ある出版社からTさんのところに、インド旅行をテーマにした企画の話が持ちかけられました。このとき、Tさんは、AさんとBさんの二人のことを思い出しました。二人ともインドに何度か旅行に行っていたからです。とくにAさんは、Bさんよりもインドに行った回数が多く、知識も豊富でした。しかし、Tさんが著者候補として出版社に推薦したのはBさんでした。その理由は、くどくど述べるまでもないでしょう。

この話からもわかるように、打算的な気持ちだけで人に接しないことや、相手がどういう状況になろうと付き合い方を変えないことが、縁をキープしていくうえで重要になってくるのです。このことに注意して行動すれば、双方の縁はますます深まり、相手はあなたに思いがけないチャンスを提供してくれるかもしれません。

人に不快感を与えないように心がけましょう

「この人に好かれたい」「あの人に好感を持たれたい」と思って人に接したつもりでも、無意識のうちに相手の気分を害してしまうことは、人間関係においてつきものです。

「何気なく口にしたひと言で、相手の心を傷つけてしまった」

「励ましたつもりだったのに、かえって相手に負担をかけてしまった」

あなたの場合はいかがでしょう。似たような経験はありませんか?

しかし、そうはいっても必要以上に自分の言動に注意を払いすぎると、相手に対してどこか不自然な対応になってしまい、会話もぎこちなくなります。本音で意思疎通を図ることができなくなってしまいます。

では、どうすればいいのでしょう。まずは、「すべての人に好かれよう」「皆から良く思われよう」と考えないようにすることが大切です。

こういうと、あなたは、「それでは縁を作ることなどできないのではないか」と、思うかもしれませんが、けっしてそんなことはありません。要するに、人に好かれようと考える前に、人に不快感を与えないように心がけてもらいたいのです。それに注意すれば、相手はあなたに対してマイナスの印象を抱きようがなく、あとは自然とプラスの印象を抱くことになります。

ただ、そのためには以下のポイントを最低限のルールとして守ることが重要です。

□モラル、マナーを磨く（おかまいなしにタバコを吸うなどの行為はつつしむ）。
□約束を守る（待ち合わせ時間は厳守する。いったん口にしたことは必ず履行する）。
□言い訳をしない（自分の非は素直に認め、責任転嫁しない）。
□自慢話をつつしむ（相手を立てることを優先的に考え、劣等感を抱かせない）。
□相手の気にしていることを口にしない（相手に劣等感を抱かせない）。
□マイナスの言葉をつつしむ（グチや悪口などを口にしない）。

これさえ守れば、相手に不快感を与える頻度はだいぶ減っていきます。

マインドレベルを高めれば、運命好転を担う縁が生まれます

「小才は縁に出会って縁に気づかず、中才は縁に気づいて縁を生かさず、大才は袖《そで》すりあった縁をも生かす」

これは江戸時代、徳川歴代将軍の剣術指南役を務めた柳生《やぎゅう》家の家訓として伝えられている言葉ですが、名言といえるでしょう。第一章でも述べたように、成功や願望のチャンスといったものは、その形がどうあれ、人の縁によってもたらされることが多々あるからです。

実際、成功者と呼ばれる人は、お金を儲けることより、縁を作ることに敏感になり、心血を注いできたといっても過言ではありません。

そのいい例が、あの豊臣秀吉《とよとみひでよし》です。山賊や夜盗といえども、良いアイデアを提供してくれたり、協力してくれる人間がいたら、ブレーンとして引き入れる（蜂須賀小六《はちすかころく》）。茶坊主といえども、頭の良い人間がいたら家来として召し抱える（石田三成《いしだみつなり》）。主君・織田信長《おだのぶなが》が追放した人間といえども、朝廷に顔がきく人がいたら、京都に招きよせ手厚くもてなす（足利義昭《あしかがよしあき》）。

こうした縁作りに勤《いそ》しんだからこそ、秀吉は一介の貧しい農民出であるにもかかわらず、天下人になることができたのです。

ただし、運命を好転させるためには、ただ縁を作ることに敏感になり、心血を注ぐだけでは不十分です。それは縁を作るための必要最低条件であって、十分条件ではありません。では、次に何が重要になってくるのでしょう。それは、あなた自身のマインドレベルを高めることです。人格に磨きをかけ、運命の人と出会えるだけの器を自分の手で作り出していかなければなりません。いくらあなたが、「縁を作りたい。運命の人と出会いたい」と願っても、自分のマインドレベルに見合った人しか現れません。考えてもみてください。「自分さえ良ければそれでいい」というエゴの塊のような人を見て、あなたはその人のために応援や協力をしようという気になれますか？　そんな気にはなれないに決まっています。

ですから、あなた自身が人格を高め、「この人のために何々してやろう」と思わせるような人間になるように努めてほしいのです。そういう人間になってこそ、初めて縁を引き寄せることが可能になります。

では、マインドレベルを高めるにはどういったことを心がけたらいいのでしょう。次章からは、そのへんのノウハウについて解説していきます。

第2章のまとめ

◎単なる人脈のレベルではなくて、魂のレベルでつながっている運命の人が、この世に必ず存在することを念頭におき、日頃から良好な人間関係を築いておく。

◎相手が誰であれ、感覚、性格、価値観といったメンタルな部分を重視して、人に接していくようにすれば、意外な人が運命の相手であることを痛感するようになる。

◎批判をつつしみ、相手の長所だけを見つめれば、縁を作り出すことができる。

◎コンプレックスを抱いたり、他人を妬んだり、打算的な感情で人に接すると、縁が遠のいてしまう。

◎人に好かれようと考える前に、人に不快感を与えないように心がければ、相手はあなたに対してマイナスの印象を抱きようがなく、あとは自然とプラスの印象を抱くことになる。

◎「縁を作りたい。運命の人と出会いたい」と願っても、自分の精神レベルに見合った人しか現れない。運命の人と出会いたければ、あなた自身が人格やマインドレベルを高め、「この人のために何々してやろう」と思わせる人間に変身しなければならない。

第3章

「縁」を引き寄せる法則　その1
心の体質を変える

心の体質を変えると、驚くほど縁が生じやすくなります

運命の人と出会うためには縁が欠かせません。その縁を作り出していくためには、自らのマインドレベルを向上させていかなくてはなりません。

前章の最後でも述べましたが、「願望を実現するために運命の人の協力を仰ぎたい」「ビジネスで成功をおさめるために、運命の人にバックアップしてもらいたい」と願っていても、あなたのマインドレベルが低ければ、それに見合った人しか現れず、最悪、運命の人に永久に出会えない可能性だってあるのです。

これを、池の中に落ちたコインにたとえてみるとわかりやすいと思います。

たとえば、あなたが池の中にコインを落としたとしましょう。しかし、池の水がよどんでいたら、すぐにコインを見つけることはできません。手探りで池の底にあるコインを探しつづけても見つからない可能性だってあります。しかし、その池の水を少しずつでも濾過《ろか》していけば、水はだんだんとキレイになり、しまいには透明になります。そうすれば、コインの在り処《ありか》だってすぐにわかり、拾い出せます。

これと同じことが運命の人との出会いにおいてもいえると思うのです。

たとえ、縁のある人、魂で結ばれた人であっても、あなたのマインドが汚れていたら、現実の世界ではなかなか巡り会うことはできません。仮に巡り会うことができても、運命の人であることに気づかないで、見過ごしてしまう可能性だってあります。

しかし、マインドをクリーンな状態に保つことができれば、潜在意識を経由して、あなたと相手との間に、「赤い糸」のようなパイプラインを引くことが可能になります。つまり、双方の間にインターネット回線のようなものが引かれるため、出会うチャンスもそれだけ早まるわけです。

では、池の水を浄化するのと同じように、マインドをクリーンな状態に保つためには、どういったことを心がけたらいいのでしょう。本章では、そのへんのポイントについて述べてみたいと思います。

プラスの方向から解釈するクセをつければ、縁が深まります

マインドをクリーンな状態に保つために、最初に肝に銘じなければならないこと。それは何事もプラスの方向から解釈するクセをつけるということです。

たったそれだけのことでも、人の縁を深め、飛躍や発展のチャンスを招き寄せることができるようになるのです。

実際、こんな話があります。

あるデザイン事務所の社長が、AさんとBさんという二人のフリーデザイナーに簡単なチラシの作成をお願いしたことがありました。このとき、Aさんが、「なんだ、デザイン料はたったこれだけか。ほかの会社ならもっと多く支払ってくれるのに」と考えたのに対し、Bさんはこう考えました。

「私の手がけたモノが印刷され、大勢の人に見ていただけるなんて、幸せだ。何事も実績だし、こんなに謝礼をいただけるなんて申しわけないくらいだ」

以来、Bさんは安いデザイン料でも、その会社の仕事を快く引き受けました。するど、あるとき、そこの社長がBさんにこういってきたのです。

「ウチの仕事はいつも安くて申しわけなく思っています。そのお礼として、同業のデザイン事務所を紹介しますから、そこの仕事も手伝ってもらえないでしょうか。ウチよりもデザイン料はいいはずです」

Bさんは、デザイン事務所の社長との縁を深めたおかげで、さらなるチャンスをモノにすることができたのです。

ですから、あなたもBさんのように、何事もプラスに解釈する習慣を日頃から身につけてはいかがでしょう。そうです。「もう三〇歳だ。若くはない」ではなく、「まだ三〇歳。人生はこれからだ」とあくまで前向きに考えるようにするのです。たとえば、夏の暑いときに汗がダラダラ出て不快になったときも同じで、そういうときこそ、「サウナに入っていると思えばいい。汗をたっぷりかけば新陳代謝も良くなる」と考えるようにするのです。

これを習慣化させれば、表情も言動も性格も明るくなり、人に好かれやすくなります。人に好かれやすくなるということは、とりもなおさず、縁が生じやすくなる証拠なのです。

自分に都合良く解釈することで、意外な形で縁が生じます

何事もプラスに解釈する習慣を身につけたことで成功した人がいます。

大相撲で、三二回という優勝回数を誇る元横綱の大鵬《たいほう》です。

大鵬は少年時代、親から市場に買い出しにばかり行かされていました。それもリヤカーを引いて一時間かけて市場に行かなくてはならないのです。普通の人だったら、それだけで嫌気がさしてしまい、親に反発するところですが、さすが横綱になる人は違います。

「リヤカーを引いて買い出しに行くおかげで、足腰を鍛えることができる。こんなにありがたいことはない」と、あくまで自分に都合良く考えたのです。

すると、偶然にもその光景が、巡業に訪れていた先代の二所ノ関親方の目にとまり、相撲界にスカウトされた大鵬は、その後、横綱にまで昇りつめました。

また、こんな話もあります。

入社二年目で営業の仕事をしていたMさんは、ある日、上司から取引先のA社に謝罪に行くよう命じられました。実は、上司が犯したミスの謝罪だったので、

さすがに最初はちょっとムッとしたそうです。しかし根が楽天的なMさんは、「そういえば、自分はまだ一度もA社に行かせてもらったことがない。謝罪とはいえ、取引先に顔を覚えてもらうチャンスかもしれない。A社の状況もこの目で確認できるぞ」と考え、謝罪に出向いたのです。

するとそれがラッキーチャンスとなりました。謝罪の場には、担当者のほかに、たまたまA社の部長も同席し、Mさんのいさぎよい態度をとても気に入ってくれたのです。部長は、ミスのことを水に流した上、それ以降、何かとMさんに目をかけ、仕事のアドバイザーにもなってくれました。そのおかげでMさんは、社内で一目おかれる存在になり、イマイチだった営業成績も伸びていきました。

Mさんにとって A社の部長は、まさに運命の人だったのです。

あなたもこれらの例を参考に、不快な現象やトラブル、アクシデントに遭遇しても、「これは自分にとって都合のいい現象だ」と、あくまでプラスに解釈しようではありませんか。そして、トラブルは幸運が舞い込む前兆であると期待しようではありませんか。

そうすれば、言動や性格が明るくなると同時に、Mさん同様、運命の人に遭遇する可能性だって高くなるのです。

あなたが体験する出来事には、すべて意味があります

前項で、上司の代理で謝罪に出向いたおかげで、仕事運を好転させてくれる運命の人と出会うことができたMさんの話をしました。この話は、いい換えると、「人生における出来事には、すべて意味がある」とも解釈できます。

要するに、「神様が『良い方向へ軌道修正を図ってあげよう』と、メッセージを送ってくれている」ということなのです。

わかりやすいたとえを出すと、あなたが経営不振のあおりを受けてリストラに遭ったとします。そんなときは、いたずらに嘆き悲しまずに、「これは意味のある出来事だ」と、あくまで前向きに考えるようにするのです。そうすれば、「脱サラして独立する良い機会なのかもしれない」「自分で商売を始めるように、神様がシグナルを送ってくれたのだ」と思えてくるかもしれません。

実際、そうやって自分の会社を立ち上げたり、お店を開業するなどして、成功した人が世の中には何人もいます。

一見すると不幸に思える現象でも、それを体験した結果、人の縁を作ることが

できる場合もあるのです。

この私がいい例です。私は大学卒業後、大手企業に入社することができたものの、すぐに、本社ではなく愛知県の豊橋へ配属を命じられました。これには、私も大いに抵抗を感じたものです。しかし今にして思えば、この配属には大きな意味が隠されていました。なぜなら、そのおかげで、名古屋でヨガの先生と知り合うことができ、さらにそれがきっかけとなって、人生哲学や成功哲学に興味や関心を抱くようになったからです。

つまり、その先生との出会いがなければ、今日の私のライフワークは確立しなかった可能性もあります。その観点からいえば、豊橋へ配属という現象にはまさしく意味があったのです。そうです、神様からのメッセージであったのです。

ですから、あなたも不幸な現象に遭遇したからといって、嘆き悲しんだり、落胆することなどありません。逆に、「私が体験することには意味がある。重要なメッセージが隠されている」と考え、それによってもたらされる恩恵を期待しようではありませんか。

そうすれば、マインドがポジティブな状態になるため、人の縁が生じやすくなり、運命の人と出会う確率も高まるようになるのです。

無駄と思えるような体験も、いつか役に立つときがきます

Sさんという男性がいます。彼は笑顔がとても素敵で、OA機器のセールスでいつもトップの成績を挙げています。その理由は、昔、フリーターをしていたころの体験にあるというのです。

当時、彼は街中でチラシまきのアルバイトをしていましたが、初めのうちはいくら熱心に配っても、誰も受け取ろうとはしてくれませんでした。あるとき、公衆トイレの鏡で自分の顔を見ると、「これでは、誰もチラシを受け取ってくれないに決まっている」と思わざるをえませんでした。それもそのはず、まるでホラー映画に登場するゾンビのような表情をしていたからです。

それからSさんは、鏡を見ながら「どうぞ」といってチラシを配る練習をし、配るときは、穏やかな表情でほんの少しだけ笑みを浮かべるのが一番いいという結論に達します。早速、それを実行に移すと、途端にチラシを受け取ってもらえるようになりました。このときの体験が染み付いて、Sさんはそれ以降、素敵な笑顔が作れるようになったらしいのです。

考えてみれば、今、あなたがやっている仕事は、実は本意ではないかもしれません。会社の命令、上司の命令で、嫌々やらされていることだってあるでしょう。しかし、それはけっして無駄にはならないのです。あなたが体験して得たことは、姿や形を変え、いつか必ず、今後に生きるようになるのです。ですから、つらい場面に遭遇したときこそ、こう考えようではありませんか。

□職場の人間関係で悩んでいる。↓人間関係のあり方が学べるので、いつか生かせるときがくる。
□社長から召し使いのようにこき使われている。↓社内事情や業界のことが勉強できるので、いつか役立つときがくる。
□毎年、税理士の試験に落ちつづけている。↓人の何倍も勉強することで、豊富な知識が得られるから、転職する際、有利になる。

このように考えるクセをつけるだけでも、マインドがポジティブな状態になるため、表情や言動や性格が明るくなり、それだけ人の縁も生じやすくなるのです。

マインドをポジティブにすれば、縁が生まれやすくなります

あなたは、「もし、あのとき、この会社ではなくてあの会社に入っていたら、もっと違った人生になっていただろうに……」というようなことを考えたりはしていませんか？

もしそうなら、今すぐつつしむべきです。そんなことを考えていると、それが引き金となって、「そうすれば給料だってもっともらえたかもしれない」「能力だってもっと発揮できたかもしれない」といったぐあいに、イメージがマイナスの方向に膨らんでいき、今の自分の境遇に余計腹が立つだけです。

そうなると、マインドがますますネガティブな方向に傾き、それが言動となって現れるようになります。すると、周りの人もあなたのことを敬遠するようになるのです。

同じことは未来に対してもいえます。再び、あなたに質問しますが、「リストラに遭い、会社をクビになったらどうしよう」といったようなことを考えたりはしませんか？

もしそうなら、これも注意が必要です。なぜなら、そういうことばかり考えていると、「クビになったら、この先、どうやって生活していけばいいんだ」「家のローンが払えなくなって、追い出されたらどうしよう」といったぐあいに、マイナスのイメージがどんどん膨らんでいき、この先の自分の人生にいっそうの不安を感じるようになるのです。すると、先ほどと同様に、マインドがネガティブになり、それが言動となって現れ、周りの人から敬遠されるようになるのです。

だったら、そんなくだらないことで頭を悩ませるのはやめ、「今の会社に入ったおかげで、営業センスを磨くことができる」「中国に転勤したおかげで、中国語をマスターすることができる」というように、プラスのことだけを考えようではありませんか。

未来に対してだって同じです。「いつか、脱サラして自分のお店を持つ」「一級建築士の資格を取って独立する」といったように、なりたい自分、理想とする自分を見つめれば、それだけでマインドがポジティブになります。

すると、それに比例して言動も明るくなり、周囲の人に好感を持たれるようになります。繰り返しいいますが、そういう状態のとき、人の縁は生まれやすくなるのです。

「人の縁」を作るには、何事もフレキシブルに考えましょう

あなたは『ステレオタイプ』という言葉を聞いたことがありますか？　これは社会で共通に受け入れられている、単純で誇張された固定的なイメージのことをいいます。個人が持っている偏《かたよ》った見方が、集団で共通に見られるときによく使われる、心理学の用語です。社会が生み出した一種の偏見と解釈してもかまいません。

わかりやすい例を出すと、最近の若い人たちは、「みんな携帯電話ぐらい持つべきだ」と考えているようですが、これなどはステレオタイプの典型といえるでしょう。

また、年配者の多くが最近の若い人に対して、「行儀が悪い。言葉づかいがなっていない」というイメージを持っていますが、これなどもステレオタイプの典型です。さらに男女の仲でいえば、女性の多くが男性に対して、「デートのときは食事をおごるべきだ」と考えたりするのも、ステレオタイプといっていいでしょう。

個人の生き方を尊重する観点からいえば、このステレオタイプ的な見方が障害

になることもあります。「何々するべきだ」「こうしなければいけない」という考えに必要以上にとらわれてしまうと、柔軟性がなくなり、偏ったモノの見方しかできなくなってしまうからです。ましてや、相手があなたの意に沿わないような言動をとれば、相手に対して不平不満だってつのるようになります。

これを防ぐためには、「みんながこう考えているから、自分も同じように考えよう」「みんながこういっているから、自分もこうしよう」という考えを捨て、目の前にいる人をあくまで自分の感覚で正確に感じ取ることです。

朝からお酒を飲んでいる人を見かけたら、「朝からお酒を飲むなんてけしからん。きっとアルコール依存症に違いない」と一方的に決めつけるのではなく、「ひょっとしたら、あの人は夜中に仕事をして、今、仕事を終えたのかもしれない。そういえば、私も学生時代、夜中にアルバイトしたことがあったなぁ。しんどかったけど、時給は良かったなぁ」といったように、フレキシブルに考えるようにするのです。

そうすれば、他人に対するマイナスの感情が消えるだけでなく、『共感能力』がわき起こり、あなたのマインドだってポジティブな状態に保てるはずです。

自分の長所を挙げていけば、マインドがポジティブになります

これまで、マインドをポジティブな状態に保つための方法について、いろいろと述べてきました。しかし人間は弱いもので、トラブルやアクシデントに断続的に見舞われたり、ツイていない日がつづくと、ダメ意識が頭をもたげ、ついついこう考えてしまいます。

「私は何をやってもダメな人間だ」

「ボクには才能なんてないのかもしれない」

こんな気持ちを野放しにしておくと、マインドがますますネガティブな方向に傾いてしまいます。ここでは、それを防止するための対処策をいくつか紹介しましょう。

まず一つめは、第二章で述べたように、「そういえば以前、営業成績が月間でトップになったことがある」「高校生のころだけど、作文コンクールで入賞したことがあった」「読者モデルとして雑誌に写真が載ったことがある」という過去の成功体験を思い出すようにします。そうすれば、「自分だって、けっこうすごいところ

がある」と思えるようになり、それが自信につながっていくのです。

もう一つは、自分の良いところを紙に書き出す方法です。「面倒見がいい」「ウソをつかない」「一級建築士の資格を持っている」「手先が器用だ」「ファッションセンスがある」「足が長い」と列記していけば、これまた、「自分だってまんざらでもないな」と思えてくるものです。

さらに、もう一つの方法として、得意なことを行ってみることもお勧めします。あなたが車の運転を得意としているなら、ドライブに出かけてみるのです。一人でもかまいませんが、友人や恋人を乗せて走れば、同乗者から運転技術をほめられるかもしれません。それだけでもマインドがポジティブになります。また、水泳が得意ならスポーツセンターなどに通ってみたり、英語が得意なら不得手な人に教えてあげるのもいいでしょう。そうすれば、「自分には、こんな素敵なところや、いいところがあるじゃないか」ということを肌で実感でき、それが自信の回復にもつながっていきます。

さあ、あなたもダメ意識が頭をもたげたら、この三つの方法のいずれかを実践してみてください。そうすれば、自分に自信が持てるようになり、マインドをポジティブな状態に保つことができるはずです。

一日一回楽しいことをすると、心の体質が変わってきます

人間には喜怒哀楽《きどあいらく》の感情がつきものです。これまで、そのうちの〝怒〟と〝哀〟の感情を減らすための方法について述べてきたわけですが、それだけでは十分とはいえません。〝喜〟と〝楽〟の感情を増やしていかなければ、マインドを一〇〇パーセント、ポジティブな状態に保つことはできないからです。

〝喜〟と〝楽〟の感情を増やしていくためには、快適な気分に浸れる時間をできるだけ多く持つことをお勧めします。

「お気に入りの香りがする入浴剤を使って、バスタイムを存分に楽しむ」

「カラオケボックスで好きな曲を思い切り歌う」

「夜、紅茶を飲みながら、好きな音楽を聴く」

このように、〝喜〟と〝楽〟の感情を増やすように努めれば、ストレスや疲労だって減り、プラスの気がマインドに充満するようになります。

また、それを次のように、一週間ごと、一カ月ごと、一年ごとの楽しみにしてしまえば、人生に張り合いが生じてくるため、あなたのマインドはいっそうポジ

ティブになります。

「毎週、土曜日は健康ランドへ行ってリラックスする」

「一カ月に一回はおいしいモノを食べに行く」

「年に一度は海外旅行に行く」

さらに、「人の縁作り」という本書の趣旨からいわせていただくと、一カ月に一回だけでもかまいませんので、趣味のサークルや興味、関心のある勉強会などに積極的に顔を出すのもいいと思います。

そういう会には嗜好《しこう》や価値観が似通った人たちが集まるため、ふつうの異業種交流会よりも縁を作れる可能性が大きいのです。

さあ、あなたも喜怒哀楽の感情をチェックしてみてください。「こういうとき、喜と楽の感情が生まれやすくなる」と思ったら、その時間をできるだけ多く持つように心がけましょう。

そうすれば、あなたのマインドはますますポジティブな状態になるはずです。

「ありがたい」という口ぐせが、ありがたい現象を招きます

前項で、〝喜〟と〝楽〟の感情を増やしていくためには、快適な気分に浸れる時間をできるだけ多く持つことだと述べましたが、さらにもう一つの方法として、「ありがたい」という言葉を口ぐせにすることをお勧めします。

これをあなたの日常生活の場面に照らし合わせながら考えてみると、わかりやすいと思います。

たとえば、あなたが忙しくしているとき、同僚がお弁当を買ってきてくれたら、どう思うでしょう。「ありがたい。助かる」という気持ちになるのではないでしょうか。あるいは、予想していたよりもボーナスが多く支給されたら、これまた「ありがたい」という気分になり、〝喜〟と〝楽〟の感情が誘発されるのではないでしょうか。

だとしたら、どんなに些細なことでもかまいません。ちょっとでもラッキーな体験をしたときは、「ありがたい」と思う習慣を身につけてはいかがでしょう。そうすれば、〝喜〟と〝楽〟の感情が増え、ますます快適な気分になれるのです。

しかし、なかには「ありがたいと思えることなんか一つもない」と反論する人がいるかもしれません。そういう人は、自分に与えられた境遇に満足することをお勧めします。

予定していたよりもボーナスが少なかったら、「会社の業績が悪くて、まったく支給されない人に比べたら、はるかにマシだ」と考えるようにするのです。忙しくて、休日出勤を余儀なくされた場合も同じです。「世の中には、リストラに遭ったり閑職に追い込まれ、仕事らしい仕事に就けない人だっていまだにたくさんいる。そういう人たちに比べたらありがたい」と考えれば、今の自分の境遇がありがたく思えてくるはずです。

さあ、あなたも今日から「ありがたい」という言葉を口ぐせにしましょう。そうすれば、「ありがたい」というリズムがリズムを呼んで、ますますありがたい現象が起きるようになるのです。

人の縁だって例外ではありません。「ありがたい」という口ぐせのおかげで、運命の人と出会うという「ありがたい現象」に遭遇する確率が、グンと高まるようになるのです。

第3章のまとめ

◎縁のある人であっても、人間共通の潜在意識で結ばれた人であっても、あなたのマインドが汚れていたら、現実の世界ではなかなか巡り会うことはできない。

◎マインドをクリーンな状態に保つことができれば、人間共通の潜在意識を経由して、あなたと相手との間に、「赤い糸」のようなパイプラインを引くことが可能になり、運命の人と出会うチャンスもそれだけ早まる。

◎マインドをポジティブな状態に保つためには、「何事もプラスに解釈する」「何事も自分に都合良く解釈する」「人生における出来事には意味があると考える」「体験することには一切の無駄がないと考える」「過去や未来のことを思い煩わない」「何事もフレキシブルに考える」といった習慣を身につけることが重要だ。

◎自分に自信を持てば、ダメ意識が消え、マインドをポジティブな状態に保つことができる。

◎喜怒哀楽の感情をチェックし、「こういうとき、喜と楽の感情が生まれやすくなる」と思ったら、その時間をできるだけ多く持つように心がけたり、「ありがたい」という言葉を口ぐせにしてしまおう。

第4章

「縁」を引き寄せる法則　その2
人を立てる

「人を立てる」ことで、相手との縁が深まります

　私はこれまで、たくさんの成功者とお会いしてきました。何度もいうように、彼らは努力や才能といった自力以外に、縁という他力によって飛躍や発展のチャンスをつかんでいるわけです。そんな彼らと接していて、一つ勉強させられたことがあります。それは、皆さんが、人を立てる術《すべ》に長《た》けているということです。だから、たくさんの縁を引き寄せている。そんな感じがするのです。

　では、人を立てると、どうして縁が生じやすくなるのでしょう。その理由を述べる前に、ここであなたに質問します。

　あなたがカラオケを趣味にしていて、歌には多少の自信があるとします。そんなあなたがサザンオールスターズの曲を歌ったところ、同僚の一人から「何かイマイチだね。選曲ミスなんじゃないかな」といわれたら、どんな気分になるでしょう？　おそらく不愉快な気分になるのではないでしょうか。

　逆に、同僚の一人から「歌もうまいし、声もいいし、聴きほれちゃったよ」といわれたら、どんな気分になるでしょう？　その同僚に対して、親しみと好感を

寄せるのではないでしょうか。さらに、その同僚に「今日はこのへんでお開きにしよう。最後にもう一度、サザンの曲が聴きたいので、キミにぜひ歌ってほしいんだけど」といわれ、ほかの人もそれに同調したらどんな気分になるでしょう？嬉しさもさることながら、その同僚に対して「彼ともっと仲良くなりたい」「親しくしたい」と考えるのではないでしょうか。

人間には誰にでも、「他人よりも上でありたい」「相手よりも自分のほうが優れていたい」「その場で重要な存在でありたい」という『自己重要感の欲求』があります。つまり、カラオケの例でもわかるように、人は自分の『自己重要感の欲求』を満たしてくれる人間に、好感を寄せる習性があるのです。

そこで、縁を引き寄せるうえで、この作用を有効に活用し、相手の『自己重要感の欲求』を満たしてあげるように努めてほしいのです。

それだけでも、あなたは自分でもびっくりするくらいたくさんの縁を作ることができるようになります。つまり、そのぶん、運命の人と出会う確率も高まるようになるのです。

成功者は、「人を立てる」ことを習慣にしています

前項で、人間には誰にでも、「他人よりも上でありたい」「相手よりも自分のほうが優れていたい」「その場で重要な存在でありたい」という『自己重要感の欲求』があり、この欲求を満たしてくれる人に好感を寄せる習性があると述べました。この才能に優れていた歴史上の人物といえば、真っ先に豊臣秀吉《とよとみひでよし》を挙げることができます。

「正妻のねねとの婚儀で、主君である織田信長《おだのぶなが》に今でいうスピーチをお願いする」

「勝ち戦の見通しが立っても、最後の締めは信長にお願いする」というように、秀吉は信長を立てることを忘れませんでした。

秀吉が、こうやって信長の『自己重要感』を高めるように努めたからこそ、信長から大変可愛がられ、農民から大名にまで出世を果たすことができたのです。

ちなみに、これは信長に対してだけではありません。関白になった後も、最大のライバルである徳川家康《とくがわいえやす》の屋敷にわざわざ出向き、「あなたのお力添えがなければ、私は天下人になれません。どうか、私に力を貸してください」と深々と頭

を下げたり、足軽一人一人の名前を記憶しておき、ことあるごとに、「元気にやっているか」と声をかけていた、というのは有名な話です。

こうした姿勢を貫き通したからこそ、皆、「この人のために一肌ぬいであげよう」「この人に協力してあげよう」という気になったのです。

あなたの場合はいかがでしょう。秀吉とは逆のことを行ってはいませんか？　会議の席で同僚のプランに異を唱えて相手のプライドを傷つけたり、自分と考え方や価値観が違う人がいたなら、徹底的に相手をやりこめたりはしていませんか？　少しばかり、営業成績が上がったからといって、自慢話や自己主張ばかりしていませんか？

もしそうなら、そういった態度は今すぐ改め、まずは相手を立てるようにしてください。そして相手の『自己重要感』を高めるように心がけることです。

くどいようですが、成功者は努力や才能といった自力以外に、縁という他力によって飛躍や発展のチャンスをつかんでいます。それは日頃から良好な人間関係を築いているからで、その根底には「相手を立てる」という習慣があるのです。

そして不思議なもので、そういう習慣を持って人に接していけば、必要以上に意識しなくても、人の縁は次から次へと生まれるようになるのです。

他人の『自己重要感』をスポイルすると、悲劇を招きます

繰り返しいいますが、人は自分の『自己重要感の欲求』を満たしてくれる人間に対して好感を寄せる習性があります。しかし、注意しなければならない点もあります。その作用がマイナスに働くと、とんだ悲劇を生み出してしまう場合があるのです。

そのいい例が織田信長の重臣・明智光秀《あけちみつひで》の場合です。光秀は信長の重臣の中でもっとも有能とされていましたが、あるとき、突然、反旗《はんき》をひるがえし、本能寺の変を起こしてしまいます。なぜでしょう？ それは、信長が重臣たちの前で、ことあるごとに光秀をののしったからです。信長からしてみれば、体裁ばかり取り繕《つくろ》う気取り屋の光秀に恥をかかせたいという悪戯心《いたずらごころ》に過ぎません。ところが当の光秀からすれば、自尊心やプライドを傷つけられ、完全に『自己重要感』をスポイルされた形となり、とうとう堪忍袋《かんにんぶくろ》の緒が切れてしまったというわけなのです。

光秀ほどの人物が、そんなことで、なぜ堪忍袋の緒を切らしてしまったのでし

ょう。どうして、感情をコントロールすることができなかったのでしょう。なぜなら、『自己重要感の欲求』はほかのどんな欲求より、はるかに強いからです。

このことをうまく説明したのが、アメリカの心理学者マズロー博士で、彼は次のように述べています。

「人間は、自分の衣食住や家庭生活が満たされると、他者の尊敬を得たいという欲求にかられるようになる。仕事や人間関係において、この欲求が満たされると、人は至福の気分を味わうことになるが、その作用がマイナスに働くと、人は言葉ではいい表せないほど不快な気分になる」

また、同じアメリカの心理学者ウィリアム・ジェームズ博士も次のように述べています。

「人間の持つ欲求の中でもっとも強いのは、他人に認められることを渇望《かつぼう》する気持ちである」

あなたも、この『自己重要感』の性質をプラスに活用しない手はありません。そのための具体的な方法を、次項から述べてみたいと思います。

ほめ言葉は、縁を作るためのおまじないのようなものです

ヨーロッパに古くから伝わる民話を紹介しましょう。

あるとき、山に住むキツネが友達のクマに向かってこういいました。

「キミはいつ見ても本当に強そうだね。この山で暮らす動物たちの中で一番、力があるんじゃないかな」

キツネからこうほめられたクマは上機嫌になり、自分の怪力を示すために、山の土をわしづかみにして、どんどん穴を掘ってみせました。それを見たキツネが、「やっぱり、キミの力はすごいや。キミに勝てる動物なんていないや」というと、クマはますます上機嫌になり、さらに掘りつづけ、そこには大きなほら穴ができました。おかげでキツネは、労力を費やすことなく、そのほら穴で暮らすことができたのです。

さて、こんな話をしたのはほかでもありません。人はほめられると愉快な気持ちになるということを強調したかったからです。

では、人はほめられると、どうして愉快な気分になるのでしょう。それは『自

己重要感』が関係しています。つまり、ほめられることによって、「他人よりも上でありたい」「相手よりも自分のほうが優れていたい」「その場で重要な存在でありたい」という『自己重要感の欲求』が満たされるため、ある種の優越感に浸ることができるのです。

そこで、あなたも周囲の人たちに対して、こんなほめ言葉を投げかけてみてはいかがでしょう。

「さすがは課長。セールストークにものすごく説得力がありますね」

「英字新聞が読めるなんて、すごいなぁ。さすがに海外に留学していた人は違う」

「キミの書く文章は、簡潔、明解でとても読みやすいね」

その際、お世辞やおだてるだけの言い方はつつしみ、相手の長所を心から認め、正直に敬うことが大切です。また、例にもあるように、その理由が相手にもはっきりと伝わるように具体的にほめることも大きなポイントになります。

ほめ言葉を習慣にし、おまじないのように頻繁《ひんぱん》に口にすれば、相手はあなたに好感を抱くようになります。そして、それがきっかけとなって、双方の間に縁が育まれていく可能性だって十分あるのです。

人をほめるときは、第三者を経由して間接的にほめましょう

あるテレビ局に、Aさんというやり手のプロデューサーがいます。なぜやり手なのかというと、彼の手がけるテレビ番組がどれも好評なうえ、豊富な人脈を有しているからなのです。人手が足りないとき、予算が足りないとき、制作の時間が足りないとき、社外のスタッフが「われもわれも……」と率先して、Aさんの応援にかけつけてくれるというのです。

その理由の一つとして、Aさんはほめ言葉の達人であることが挙げられます。それも、直接ほめるというより、「B君は本当に勤勉だよな。どんなに忙しくたってけっして手抜きの仕事をしない。大したものだ。キミもそう思わないかい」「Cさんは会議の段取りが本当にうまいよな。いつも感心させられる。ボクたちも、Cさんを見習うようにしようよ」といったように、第三者を経由して間接的にほめていたのです。

するとどうなるでしょう。「Aさんがキミのことをこんなふうにほめていたよ」「Aさんはあなたのことをものすごく評価していますよ」という噂が相手にも伝わ

ります。そうすれば、相手だって、「そうか。そんなふうにいってくれたのか」といって感激し、Aさんに好感を抱くようになります。すると、「Aさんに協力しよう」「彼についていこう」「彼が大変なときは一肌ぬいであげよう」という気持ちが生まれます。つまり、人の縁が増大していくわけなのです。

ですから、あなたも特定の人をほめるとき、より一層効果を上げるために、第三者を経由して間接的にほめ讃えるようにしてほしいのです。そのほうが、より真実味が増すと同時に、相手もそれを嬉しく感じ、あなたの株だってグンと上がるはずです。

また、直接的にほめる場合も、できることなら、周囲に人がいるときが好機です。それも周囲の人たちの耳に入るぐらいの大きな声でほめてあげることが重要です。そうすれば、これまた相手は感激し、あなたに好感を抱くようになります。

なぜなら、人前でほめられることによって、「その場において重要な存在でありたい」「大勢の人から尊敬されたい」「周囲の人から注目を浴びたい」という欲求が瞬時に満たされるようになるからです。

ちょっとしたねぎらいの言葉が、縁のきっかけとなります

あなたは上司の手伝いで遅くまで残業して退社するとき、上司から、「お疲れさま。こんなに遅くまで残業してくれてありがとう。キミのおかげで助かったよ」といわれたらどんな気分になるでしょう? 疲れは激減し、明日も頑張ろうという気持ちになるのではないでしょうか。

あるいは、友達が遊びに来たので料理を作ってもてなしたところ、「ごちそうさま。どれもとってもおいしかったわ。こんなにいろいろ料理を作るの大変だったでしょう。おかげでパワーがついたみたい」といわれたら、どんな気分になるでしょう? 作った甲斐があったと思うのではないでしょうか。

ねぎらいの言葉をかけられることによって、あなたの『自己重要感の欲求』が満たされます。さらに、心が穏やかになり、「この人はいつも自分に目をかけてくれている」「あの人はいつも自分に配慮してくれている」と、言葉をかけてくれた相手に対して、好感を抱くようになるという利点まであるのです。

ねぎらいがうまかったのが、戦国時代の最強の武将とうたわれた武田信玄《たけだしんげん》です。

信玄が戦場で味噌汁を飲んだときのことです。味噌汁を作った足軽を呼び出し、「合戦のさなか、こんなにおいしい味噌汁を作るとはたいしたものだ。大儀であった。今宵《こよい》はゆっくりと休むがよい」とほめたことがありました。その足軽はたいそう感激し、「信玄様にどこまでもついていこう」と考え、その後、戦場で次から次へと手柄を立てたのです。実はこの男こそ、後に武田二四将の一人として名を残した高坂弾正《こうさかだんじょう》その人なのです。つまり、味噌汁作りをほめたことがきっかけで、縁が生じ、信玄は有能な家臣を得ることができたというわけです。

こうした信玄の姿勢を見習い、あなたも周囲の人に、ねぎらいの言葉をかけてあげることをお勧めします。

「コピー取りを手伝ってくれてありがとう。おかげで仕事がはかどったよ」

「お弁当を買ってきてくれてありがとう。混んでいて大変だったろう。助かったよ」

このように、どんな些細なことであってもねぎらいの言葉をかけてあげれば、相手は感激し、あなたという人間に好感を抱かずにはいられません。そして、その積み重ねが縁作りにつながっていくのです。

教えを請う姿勢を大事にすると、縁が増大していきます

以前、アメリカの心理学者が、一〇〇〇人の中間管理職を対象に、「部下に仕事のノウハウをレクチャーしているとき、どういう部下に親しみをおぼえるか」というアンケートを取ったところ、次のような結果が出ました。

一位　教えを請う姿勢で聞き耳を立てる部下
二位　うなずきながら自分のいっていることをメモする部下
三位　自分の目を見ながら、黙って聞いている部下

この結果について、その心理学者は、「教えを請う姿勢で聞き耳を立てる部下に親しみを抱くのは、『部下に敬われている証拠である』『部下は自分の長年の経験を尊重してくれている』という認識を持てるからではないか」という見解を寄せているのですが、私もその通りだと思います。というのも、人間、教えを請われると、「自分のほうが優れていたい」「人から尊敬のまなざしを浴びたい」という

『自己重要感の欲求』が満たされるため、優越感に浸ることができるのです。

そこで、あなたも上司に限らず、誰に対しても、「この人から教えを請おう」という謙虚な姿勢で接していくといいと思うのです。

「パソコンで表計算をするとき、どういうソフトを使ったらいいのでしょうか？私は初心者なもので、そのへんのことがからきしわからないのです」

「テニス歴が長いそうですね。私も最近始めたのですが、なかなか上達しなくて……。今度、機会があったらレクチャーしてもらえませんか？」

このような姿勢で接していけば、相手だって気分が良くなり、知っていることをどんどん教えてあげようという気になります。そして、こうしたやり取りがきっかけとなって、二人の間に縁が生まれる可能性だってあるのです。

それに、あなたが熱心に教えを請えば、「実は、このパソコンのソフトは、私よりもはるかにパソコンに精通している人の勧めで使っているんです。もし、よろしければ、その方を紹介しましょうか？」といって、その道のエキスパートを紹介してくれるかもしれません。

つまり、「友達の友達はまた友達」ではありませんが、縁が縁を呼んで、増大していく可能性だってあるのです。

聞き上手になれば、縁が育まれます

あなたがお金をコツコツとため、有給休暇をとって、念願の北海道旅行でドライブを楽しみ、郷土料理を堪能したとします。旅行から戻った後、「一生の思い出として残るこの素晴らしい体験を、ほかの人にも話したい」と考え、同僚に土産話をしたとしましょう。

しかし、同僚が話をいっさい聞こうとしないで、自分の自慢話ばかりしてきたら、あなたはどんな気分になるでしょう？　「なんだあの人は、全然、私の話を聞こうとはしてくれないんだから……」といって、不愉快な気分になってしまうのではないでしょうか。

逆に、あなたの話を「ウンウン」といって、うなずきながら真剣に聞いてくれたらどんな気分になるでしょう？　「この人と、もっとおしゃべりがしていたい」「今度、旅行に行ったら彼女にお土産を買ってきてあげよう」と親しみをおぼえるのではないでしょうか。

それもそのはずです。人間は自分の話を聞いてもらうと、「自分に関心を持ってもらいたい」「共感してもらいたい」という欲求が満たされるため、気分が良くなり、相手に対して好感を抱く性質があるのです。つまり、これまた『自己重要感』が高められるわけです。

そこで、これからは、「耳は二つあるが、口は一つしかない。それは、自分のしゃべることの二倍、相手の話を聞きなさいという神様からのメッセージである」というアラブの言い伝えを指針とし、聞き上手になることをお勧めします。

その際、相手の話を聞きながら、所々、「そうだね」「あなたのいうとおりですね」と相槌《あいづち》を打ったり、「うわー。すごい」とオーバーに感動したり、質問をしながら聞いてあげると、なおベターです。そうすることによって、「この人の話を真剣に聞こう」という熱意が相手に伝わるため、相手だって話をする張り合いがいっそう強くなります。

そして、そういう姿勢をキープしていけば、相手は、「この人ともっと仲良くなりたい」「この人の役に立ちたい」と考えるようになり、今度はあなたの話を真剣になって聞いてくれるでしょう。縁というものは、そうした感情の中から育まれていくものなのです。

相手の関心事に理解を示せば、好感を抱かれます

こんな話があります。ある陽明学《ようめいがく》の大家のところへ、一人の青年が相談に行ったことがありました。青年は、父の後を継いで会社の社長になったものの、業績不振で経営が火の車になっていたのです。会社を立て直すには、人脈が大切なことはわかっていましたが、どうやってそれを築いたらいいのかわかりません。

すると、陽明学の大家は、青年にこうアドバイスしたのです。

「まずは筆マメになることです。そうすれば、人脈が増えていくのを、あなたは痛感するはずです」

その後、青年は新規取引先の社長と面会するチャンスを得ました。その社長が不眠症で苦しんでいることを耳にした彼は、帰社後、そのことをメモしていたときに、ふと亡くなった父親のことを思い出しました。実は、青年の父親も不眠症に苦しんでいたのです。父の「この枕に変えたらよく眠れるようになった」という話を思い出し、手紙に書き記して社長に送ったところ、これが縁を結びました。

数日経って、「あなたの手紙を読んで、早速、その枕に変えたら本当によく眠れる

ようになった。ついては、あなたの会社と取引がしたい」と、その社長からじきじきに電話がかかってきたのです。

それにしても、その社長はなぜ取引に応じたのでしょう。それは、青年に枕のことを教えてもらったお礼の気持ちもさることながら、自分の話をキチンと聞いて、自分という人間に興味や関心を示してくれたことに関する感謝にほかなりません。つまり、「存在を認めてもらいたい」「自分の関心事に理解を示してもらいたい」という社長の『自己重要感の欲求』が満たされたわけなのです。

以来、その青年はほかの取引先との会話中にでも、印象に残った言葉はその日のうちにメモしておき、フォローに役立てるようにしました。すると、会社の業績はどんどん伸びるようになったというのです。

人と会話をするときは、自己ＰＲに躍起になる前に、「相手が何に関心や興味を持っているのか」などのニーズを探り出し、可能な範囲で、それに応えてあげるように努めることが重要なのです。そうすれば、相手だって気分が良くなり、あなたに好感を抱くようになります。いい換えると、縁というものは、そういうことがきっかけで生まれるものなのです。

相手に「勝ち」を譲れば、縁を深める絶好の機会となります

前述したように、『自己重要感』とは、「他人よりも上でありたい」「相手よりも自分のほうが優れていたい」「その場で重要な存在でありたい」という欲求のことをさします。ただし、人によっては、ある特定の分野で「拍手喝采を浴びたい」といった、他者から称賛されることを強く望んでいる場合があります。

実際、イギリスのあるジャーナリストが行った調査によれば、ビートルズのメンバーもローリング・ストーンズのメンバーも、この欲求を満たすためにアーティストになったことが明らかにされています。もちろん、これはロックミュージシャンに限ったことではありません。世界的に有名な舞台俳優やスポーツ選手の多くも、「拍手喝采を浴びたい」という欲求を満たすことを切に望んでいるというのです。つまり、「拍手喝采を浴びたい」というのは、誰もが求める自然の欲求なのです。

そこで提案ですが、この心理作用を逆手にとって、他人の「拍手喝采を浴びたい」という欲求を満たしてあげるように努めてはいかがでしょう。具体的にいう

と、相手の得意技や特技に敏感になって、ここぞというときに、あえて勝ちを譲ってしまうのです。

たとえば、あなたとAさんが、テニスが得意だったとします。もし、あなたが初心者からテニスの手ほどきを頼まれた場合、「やはり、技術も教え方もうまいAさんが指導してあげてください」といって、あえてその役をAさんに譲ってしまうのです。

パーティに呼ばれ、スピーチを頼まれたときも同じです。スピーチが得意な人がほかにもいたら、「あなたのほうが、私よりも人前でしゃべるのが上手だから、代わりにしゃべっていただけませんか」といって、その人にスピーチをお願いしてしまうのです。

ここからが重要ですが、相手がテニスやスピーチを終えたら盛大に拍手し、間を置かず、「さすがですね」「お上手ですね」といって、ほめ言葉を投げかけてください。そうすれば、相手だって決して悪い気はしません。それどころか、称賛されたことで、機嫌が良くなり、あなたとの距離を縮めようと相手のほうから歩み寄ってくるでしょう。つまり、その時点で、双方の間に縁が芽生えるのです。

ただし、ゴマスリはいけません。本当にそう思ったときに素直にいうことです。

小利口に振る舞うより、バカになれる人が他人に好まれます

前項で、相手の得意技や特技に敏感になって、ここぞというときは、あえて勝ちを譲り、「拍手喝采を浴びたい」という欲求を満たしてあげることが大切だと述べました。しかし、理屈ではわかっていても、なかなか実践に移せない人だっていると思います。

そこで、そういう人は、思い切って「バカ」になってしまうのも一つの手です。ただ、誤解がないようにいっておきますと、私がいうバカとは、世間一般がいうところのバカとはちょっと違います。ここでいうバカとは、自分という人間のうわべを飾っているもの、すなわちプライド、見栄、羞恥心といったものを捨て去ってしまい、自分を白紙の状態にすることをいいます。

もっとわかりやすくいうと、次のような自分自身の『自己重要感の欲求』をひとまず断ち切ってしまうのです。

「地位や役職を認めてもらいたい。社長と呼ばれたい」

「弁護士なので、人から先生と呼ばれたい」

「自慢のスポーツカーを人に見せびらかしたい」

「留学経験があるので、得意の英会話を自慢したい」

　これらの思いを断ち切ると、どうなるでしょうか？　一皮むけた人間に変身できるため、他人に対して温かさが持てるようになります。人の心の痛みがわかるため、『共感能力』が身につき、相手の立場でモノを考えられるようになります。ウソや偽りのない自分をさらけ出すことで、相手に誠実な印象を与えることができます。

　つまり、そういう人間になれば、周囲の人も放ってはおきません。縁が深まり、応援や協力をしてくれる人、生き方に理解や共感を示してくれる人が、どんどん現れるようになるのです。

　その中には、あなたの運命を好転させたり、願望達成や成功のチャンスを運んでくれたり、人生にツキをもたらしてくれる運命の人たちが、当然含まれていることをくれぐれも忘れないでほしいのです。

第4章のまとめ

◎人間には「他人よりも上でありたい」「相手よりも自分のほうが優れていたい」「その場で重要な存在でありたい」という『自己重要感の欲求』が強く、この欲求を満たしてくれる人間に対し好感を寄せる習性がある。

◎人はほめられると、『自己重要感の欲求』が満たされるため、ある種の優越感に浸ることができる。また、人をほめるときは、第三者を経由して間接的にほめたり、人前でほめると、より効果がある。

◎ねぎらいの言葉にも相手の『自己重要感』を高める効果がある。

◎相手の『自己重要感』を高めるために、教えを請う姿勢で相手に接したり、相手の話をよく聞いてあげたり、相手の関心事に理解を示してあげよう。そうすれば、相手はあなたに好意を抱き、その積み重ねが縁を育んでくれる。

◎「拍手喝采を浴びたい」という欲求を満たしてあげよう。それがうまくできない人は、プライド、見栄、羞恥心といったものを捨て去ってしまおう。そうすれば、応援や協力をしてくれる人、生き方に理解や共感を示してくれる人が、どんどん現れるようになる。

第5章

「縁」を引き寄せる法則　その3
喜びを与える

他人に喜びを与えると、「人の縁」がどんどん膨らみます

東南アジアに古くから伝わる民話に、こんな話があります。

昔、ある国に、大変、慈悲深い王様がいました。庶民一人一人にいつも笑顔で接し、貧しい暮らしをしている人には励ましの言葉をかけるだけでなく、減税をしたので、庶民からいつも慕われていました。また、庶民を喜ばせるために、年に二回もお祭りを開催しては、ごちそうを振る舞ったのでした。

そんなあるとき、王様が熱病に冒され、倒れてしまいました。名医が治療に当たっても、王様の症状はいっこうに良くならないのです。すると、ある村に住む一人の長老が城を訪れ、特効薬を差し出したところ、王様の熱病は一発で治ってしまいました。

王様がお礼の言葉を述べ、褒美を与えようとすると、その長老はこう答えたのです。

「褒美などいりません。日頃のご恩に報いただけのことです。王様のおかげで、私たちは平和で豊かな生活を営むことができるのです。ですから、王様にはもっ

ともっと長生きをしてもらいたいのです」

さて、なぜこんな話をしたかというと、他人に喜びを与えれば、あなたもまた他人から喜びを受け取ることができるということを強調したいからです。本書のテーマに即していえば、人の縁が生まれ、運命の人に出会うことによって、悩み事が解決したり、成功や願望達成のチャンスが得られるなど、種々の恩恵を授かることができるのです。

では、他人に喜びを与えると、なぜ、人の縁が生まれやすくなるのでしょう。

他人に喜びを与えると、他人から感謝され、好感を持たれるという点が挙げられます。つまり、「この人ともっと親しくなりたい」「仲良くなりたい」ということで、その人のもとにどんどん人が集まるようになります。それに伴い人の縁も増大するため、運命の人と出会うチャンスもそれだけ早まるのです。

では、他人に喜びを与えるためには、具体的にどういったことを肝に銘じておけばいいのでしょう。本章ではそのへんのポイントについて述べてみたいと思います。

マイナスの言葉は、縁を遠ざける呪文のようなものです

あなたは、夏の暑い盛り、仕事の途中で知り合いとばったり会い、こういわれたらどんな気分になるでしょう？

「毎日暑くてイヤになりますね。今日も不快指数が高いんじゃないでしょうか」

こういう言葉を聞くと応対だってネガティブになるし、相手と別れた後も、「ホントに今日も暑苦しいな。汗で洋服がべちゃべちゃで気持ち悪くてたまらない」「日射病で倒れないようにしなければ……」と、意識がマイナスの方向に傾いてしまうのではないでしょうか。その挙句、「こんな暑い中、外回りに出させるなんて、まったく上司は意地悪だ」「こき使われる割に、給料が安くてイヤになる」といったようなことを考えつづけるのではないでしょうか。

逆に、同じ夏の暑い盛りであっても、その人から、「いよいよ、夏本番ですね。今年は晴天がつづくそうだから、お互い夏休みは海や山に行ってエンジョイしましょう」といわれたら、どんな気分になるでしょう？

こういわれれば、応対だってポジティブになるし、相手と別れた後も「夏休み

はセレブ気分で軽井沢にでも行ってみようかなぁ」「大好きな夏祭りには、お神輿《みこし》でもかついでみようかな」と、意識がプラスの方向に傾いていくのではないでしょうか。

プラスの言葉にはプラスの感情が、マイナスの言葉にはマイナスの感情が、自然に結びついていくものです。つまり、「どうせダメだ。無理に決まっている」「自信がない」「イヤになる」「困った、どうしよう」「不安だ」「お先真っ暗だ」「失敗するだろう」「もう年だからできない」といった、マイナスの言葉を意識的につつしむことが重要なのです。

自信がないという人は、家族や友人に協力してもらい、普段の会話の内容をチェックしてもらうといいかもしれません。

あなたが、「どうせダメだ」「自信がない」といったマイナスの言葉を口にしたら、「ほら、今いった！」と、誰かにストップをかけてもらうのです。そうすれば、次第にマイナスの言葉が減っていくでしょう。そして、人に喜びを与えるための基礎固めができるようになるのです。

縁は、プラスの言葉を発する人に吸い寄せられます

前項で、プラスの言葉にはプラスの感情が、マイナスの言葉にはマイナスの感情が自然に結びつく傾向があるので、マイナスの言葉は意識的につつしまなければならないと述べました。

それがクリアできたら、今度は次のように、自他共に聞いて気分が良くなるプラスの言葉をできるだけ多く用いてみましょう。


「必ずうまくいく」

「私には自信がある」

「心配ない。できる。大丈夫だ」

「将来の見通しは明るい」

「必ず成功してみせる」

「まだ若いから何でもできる」

「毎日が楽しい。何をやってもおもしろい」


もちろん、初めのうちは戸惑ったり、抵抗を感じることだってあるでしょう。

しかし、繰り返し、プラスの言葉を口にするように心がければ、それは良い意味でクセになります。そうなればしめたもので、意識しなくても、自然にプラスの言葉が出てくるようになります。

しかも、プラスの言葉を口にする習慣を身につけてしまえば、その言葉は暗示となって潜在意識にインプットされ、考え方や行動までもが言葉と同化するようになります。すなわち、ポジティブに考え、ポジティブに行動できるようになるため、本当にプラスの言葉通りの人生になっていくのです。

それに、前項で述べたことと重複しますが、あなたがプラスの言葉を多く用いれば、相手だって気分が良くなり、意識がどんどんプラスの方向に傾いていきます。「この人ともっと話をしていたい」「この人と親しくなりたい」という欲求にかられるようになります。

すなわち、相手のほうからあなたに歩み寄ってくるようになり、それがきっかけで、縁が生まれる可能性だって十分にあるのです。そして、その数が多ければ多いほど、運命の人と出会う確率もそれだけ高くなるのです。

笑顔は、縁を引き寄せるスパイスのようなものです

以前、アメリカの心理学者アルバート・メラビアン教授が、「人の第一印象は何から影響を受けやすいか」を調べるために、世界数十カ国の民族を対象に調査を行ったことがありました。

その結果、メラビアン教授は、言葉づかいや声の調子、しぐさよりも「見た目」の影響が大きいことを突き止めました。要するに、顔の表情で第一印象の半分以上が決まるというのです。

ちなみに、これは初対面の人に限ったことではありません。職場などでいつも顔を合わせている人に対しても、顔の表情でその人の印象を決めてしまう場合が、三割以上もあるというのです。

実は、これにはキチンとした理由があります。なぜなら私たちの脳は、視覚に映った形がある条件を満たして「人間の顔らしい」と感じた場合に、相手に対して「好感」や「親しみ」を抱くという習性があるのです。その条件とは、顔の形が左右対称で、調和のとれていること。その最たるものが笑顔なのです。

ただし、「ゲラゲラ」と大声を出して、やみくもに笑えばいいというものではありません。口を意識的に少し横に広げ、目で軽く微笑むようにするのです。それだけでも、相手の目には素敵な笑顔と映り、好印象を与えることができます。

また、人と会うときに限らず、一人でいるときもなるべく笑顔をキープするように努めることが重要です。

笑顔をキープしていると、なんとなく楽しい気分になります。すると脳から幸せなホルモンがたくさん出てきて、ますます楽しく幸せな気分になります。そうなると、「楽しいことを思えば、楽しいことが起きるようになる」という心の法則に従って、楽しいことがどんどん起こるようになるのです。

つまり、人の縁を引き寄せ、運命の人と出会うことだって可能になるのです。

その意味で、笑顔は縁作りのスパイスのような役割を果たしてくれるといっても過言ではないのです。

グッドニュースの提供マンになれば、縁作りは成功します

以前、日本のある大学の心理学者が、ユニークな実験を行ったことがありました。

三〇代のビジネスマンを五人ずつ、AとBの二つのグループに分け、Aグループには「余暇の楽しみ方」について、Bグループには「成人病の恐ろしさ」についてディスカッションをしてもらったところ、興味深い事実が判明したのです。

Aグループは大変話がはずみ、皆、終始笑顔で、ディスカッション終了後の血圧も脳波も安定していたのに対し、Bグループは話がいっこうにはずまず、皆、終始苦虫をかみつぶしたような暗い顔をしていて、ディスカッション終了後の血圧も高く、脳波が乱れていたというのです。

このことについて、その心理学者は、「話題の内容次第で、その場にいる人たちの心理状態は快にもなれば不快にもなり、それが身体へも影響を及ぼす」という見解を寄せています。これには私もまったく同感で、この作用を普段の生活に生かさない手はないと思うのです。

といっても、そんなに難しく考える必要はありません。

「さっき人事の人から聞いたんだけど、今年は会社の業績がいいから、ボーナスも多く支給されるみたいだよ」

「駅前に新しくできたブティックは、最新のブランド品が安価で手に入るみたいよ。退社後、みんなで行ってみない？」

このように、明るい話題を率先して提供すればいいのです。

さらにいえば、そういった明るい話題は、なるべく食事をしているときに提供するとよいでしょう。人間、おいしいものを食べると、それだけで幸せな気持ちになります。しかも、おいしい食事の快体験は、後日、記憶となって、その人の心の中で再生されます。つまり、食事を共にした人々や、そのとき交わした会話までが良い印象として蘇《よみがえ》るわけです。これを心理学では『連合の原理』というのですが、あなたもこの働きを是非、活用してみてください。

明るい話題を提供すれば、人は「あの人といると楽しい」「あの人といるとなごむ」と思うようになり、あなたの周りにはたくさんの人が集まってくるようになります。そうなれば、おのずと人の縁も深まるようになるのです。

感謝の言葉をかければ、そのお返しがあります

戦国時代に、蜂須賀小六《はちすかころく》という武将がいました。その蜂須賀小六ですが、もともとは一介の盗賊の頭領に過ぎませんでした。峠近くの森に潜んで、通行人が通るたびに、脅かして金品を強奪していたのです。ところが、あるとき木下藤吉郎《きのしたとうきちろう》（後の豊臣秀吉《とよとみひでよし》）と知り合い、彼の頼みで、砦《とりで》の建設や川を渡るときの筏《いかだ》作りなどを手伝うようになり、徐々に盗賊業から足を洗うようになりました。そして、しまいには藤吉郎の家来になってしまいました。

そのことを知った織田信長《おだのぶなが》が、「あの盗賊の頭領をどうやって手なずけたのか」と尋ねると、藤吉郎はこう答えたのです。

「特別なことなど致しておりませぬ。私はあの男に『感謝いたす』『ありがたく存ずる』という言葉を連発しただけでございます」

「感謝いたす」「ありがたく存ずる」という言葉だけで、どうして小六は藤吉郎の家来になったのでしょう。それは、「感謝いたす」「ありがたく存ずる」という言葉に、小六が大変な喜びを感じたからです。藤吉郎に感謝されることは、小六自

身がこの世の中で重要な存在であることを認められたことになります。自分の存在価値が高まったことに快感を覚え、「そんなに自分の実力を評価してくれるなら、こいつ（藤吉郎）の下で働くのも、やぶさかではない」という気になったのです。

そこで、あなたもこの心理作用をうまく活用して、他人に感謝の言葉を連発してはいかがでしょう。

職場で電話を取り次いでもらったとき、お茶を入れてもらったとき、コピー取りを手伝ってもらったときに、必ず「ありがとう」「おかげで助かりました」という言葉を口にするのです。できれば、それを口ぐせにしてしまいましょう。

また、職場だけでなく、家族をはじめ、友人や知人にもことあるごとに同様の言葉を投げかけましょう。

そうすれば、「与えよ！　さらば与えられん」という心の法則に従って、周囲の人もありがたい現象をどんどん提供してくれるようになります。すなわち、第三者を経由して新たな縁が生まれ、その中から運命の人が現れる可能性だってあるのです。

ユーモアをうまく使えば、あなたの好感度がアップします

以前、新聞に興味深い記事が掲載されていたので、それを紹介しましょう。
ある保険会社の社長が、新入社員のために歓迎会を催したことがありました。その席で、新入社員たちは一人一人自己PRをすることになったのですが、一人だけユニークなことを口にした社員がいました。

皆、どの人も「私の特技は速読ができることです」「私の取り柄は、チャレンジ精神が旺盛なことです」といった自慢話をしたのに対し、Aさんだけは、こんなことを口にしたのです。

「私には特技や取り柄と呼べるものは一つもありません。強いて挙げるとすれば、人一倍大食いだということです。それと、食べ物に好き嫌いがないということでしょうか」

Aさんがこういった瞬間、その場は爆笑の渦《うず》に包まれ、漂っていた緊張感が緩和したらしいのです。そして、さすがに社長は見る目があります。「A君は只者《ただもの》ではない」と好感を寄せ、期待したところ、案の定、三年も経たないうちに、ト

ップセールスマンに躍り出たのです。

このことについて、その会社の社長は、「ユーモアはその場の雰囲気をなごませるだけでなく、社会的コミュニケーションとして共感性をも育んでくれる。A君はそういう才能があると、私はあのとき確信した。トップになれたのも、それが間接的な要因になっているのは確かだ」というコメントを寄せています。私も、人に喜びを与えるための方法として、このユーモアを生かさない手はないと思っています。

だからといって、やみくもに人を笑わせればいいというものではありません。まずTPOをわきまえることが大切で、ユーモアの内容自体も、あげ足取りやイヤミや下ネタは好ましくありません。また、同僚や後輩に通用するユーモアが上司には通用しない場合もあるので、相手によって使い分ける気配りも必要です。

こうしたルールを守れば、保険会社の社長がいうように、笑い、すなわちユーモアは、その場の雰囲気をなごませるだけでなく、社会的コミュニケーションとして共感性をも育んでくれるようになります。すなわち、あなたの好感度は大幅にアップするのです。

相手のメモリアルデーを記憶しておくと、縁作りに役立ちます

今日は、あなたの二〇歳の誕生日だとします。しかし、朝、起きて、家族の誰からも「誕生日おめでとう」といってもらえません。職場でも、誰からも「おめでとう」といってもらえませんせん。友人も恋人も何もいってくれません。そんなとき、あなたならどんな気分になるでしょう? 「どうせ私なんか、誰からも気にとめてもらえない、どうでもいい存在なのだ」と考え、落ち込んでしまうのではないでしょうか。

しかし、帰宅して自分の部屋に戻ったら、友達から荷物が届いていて、その包みの中には、アクセサリーと一緒に「誕生日おめでとう。二〇歳のあなたが素敵に輝きますように」というバースデーカードが添えられていたら、どんな気分になるでしょう?

それまでの不快な思いがいっぺんに吹き飛び、とても嬉しい気分になるのではないでしょうか。そして、「私の誕生日を忘れないでこんなに祝ってくれるなんて、彼女は何ていい人なのだろう。涙が出るほど嬉しい。最高の友達だ」と考え、

その友達に感謝の気持ちを抱くのではないでしょうか。

あるいは、あなたが自分のお店をオープンして一周年を迎えたとします。でも、毎日が忙しく、そのことを忘れていました。そんなとき、知人の一人から、花束が贈られてきて、そこに「オープン一周年おめでとうございます。さらなる発展を祈っています」というメッセージが添えられていたら、どんな気分になるでしょう？　「自分でも忘れていたのに覚えていてくれたなんて、本当にありがたい。よし、これからも頑張ろう」と前向きな気持ちになるのではないでしょうか。

他人を喜ばせるための方法として、相手のメモリアルデーを記憶しておき、その日に、気持ちばかりのプレゼントを贈ってあげるのも一つの手です。

そうすれば、相手は感激し、このお礼をどこかで返そうという気持ちになります。そして、あなたが困っているときには助けてあげようという気持ちにだってなります。もし、自分にできないことであれば、ほかの人の力を借りてでも、あなたのために一肌ぬごうと考えるかもしれません。

つまり、プレゼントに費やしたお金が、人の縁という形であなたに還元されるようになるのです。

相手の趣味や嗜好に敏感になると、縁作りに役立ちます

あなたがお酒もタバコもたしなまないとします。そんなあなたが、Aさんという人から食事に誘われ、レストランへ行ったとしましょう。もしその場で、あなたの嗜好《しこう》を知っているAさんが断りもなくスパスパとタバコを吸いはじめ、なおかつ、あなたにどんどんお酒をついできたらどんな気分になるでしょう? Aさんという人が悪い人ではないにせよ、「これからはAさんから食事に誘われても断ろう」と考えるのではないでしょうか。

さて、同じようにお酒とタバコをたしなむBさんという人がいて、その人があなたの好きな豆腐料理のお店に連れて行ってくれたとします。Bさんはお酒を強引に勧めることもなく、あなたに遠慮してタバコも吸わなかったとしたら、どう思うでしょう? 相手の気配りに感謝すると同時に、親しみと好感を寄せるのではないでしょうか。

そこで、あなたも相手の趣味や嗜好に敏感になり、以下のようなことを肝に銘じるといいと思うのです。

□ベジタリアンの人と食事をするときは、焼肉屋などには誘わない。
□クラシック音楽が好きな人と外で会うときは、クラシック音楽が流れる喫茶店で待ち合わせをする。
□サッカー観戦が趣味だという人には、応援するチームの話題をさりげなくしてみる。
□ワインに目がない人には、お中元やお歳暮などにワインを贈る。
□ダイエット中の人と食事をするときは、ボリュームたっぷりの料理は控えるようにして、食後のデザートもオーダーしない。

この気配りがうまかったのが、故田中角栄元首相です。彼は、お客さんと会食する際、あらかじめ相手の嗜好を把握しておき、料理を選んだといいます。また、お酒が飲めない人の前では自分もジュースを飲み、お酒が好きな人の前では自分が率先してお酒を飲んだといいます。こうした気配りや人を喜ばせようとする精神があったからこそ、多くの縁を作ることができ、その人たちのバックアップで、総理大臣にまでのぼりつめることができたのです。

ときには「叱咤激励」も、喜びを与えることにつながります

アドラー心理学の中心的技法に、『勇気づけ』というものがあります。

これはその名のとおり、失敗して落ち込んでいる人や何かで悩んでいる人に対して、困難を乗り越える力が持てるように勇気づけてあげる心理療法のことです。セラピストとクライエント（相談者）が相互尊敬、相互信頼にもとづく交友的協力関係を築く際にも、効果があるといわれています。

そこで、あなたも身近に失敗して落ち込んでいる人や問題を抱えて悩んでいる人がいたら、勇気づけてあげてはいかがでしょう。

ただし、やみくもに「頑張れ」「頑張れ」という言葉を連発すればいいというものではありません。相手に負担を与えないように、「そんなに悩んでいるなら、僕も協力するから一緒になって問題解決に当たろうよ」「とにかくやるだけやってみなよ。僕もできる範囲で協力するから」という、共感を示す言葉を投げかけてあげてほしいのです。

また、相手にもよりけりですが、ときには「叱咤激励《しったげきれい》」も大事です。その場合、

ただ叱るのではなく、リラックスさせたり、希望を持たせるようないい方をするのがポイントです。

これを実践していたのが、本田技研工業の創始者・本田宗一郎《ほんだそういちろう》さんです。本田さんは、仕事で失敗を犯し、落ち込んでいる社員に向かって、よくこんな言葉を投げかけたといわれています。

「キミらしくないなぁ。いつものとおりに考えて行動すればいいんだよ」

「これ以上悪くなりようがないんだから、気楽にやろうじゃないか」

要するに、社員に余計なプレッシャーを与えないようにしながら、その人特有の才能を発揮させるように努めたのです。

このように、相手に同情するだけが喜びを与えることではないのです。ときには励まし、人によっては叱咤激励することも、喜びを与えることにつながっていくのです。そして、叱咤激励されたほうは感動し、あなたに絶大なる信頼を寄せるようになります。そのプロセスの中から、縁が育まれていくのです。

ときには「受け身の対応」が、相手に喜びを与えます

ノーベル平和賞を受賞した佐藤栄作《さとうえいさく》元首相にまつわるエピソードを紹介しましょう。

佐藤氏が現役の総理大臣だったある日のことです。佐藤氏はA氏とB氏という二人の自民党幹部を総理官邸に招き、沖縄返還に関する打ち合わせをした後、食事をごちそうしようとしました。

このとき、二人の返答は実に対照的でした。A氏が、「いや、もう遅いですし、失礼に当たりますから……」といって断ったのに対し、B氏はこう答えたのです。「せっかく夕飯を用意してくださったのに、それをお断りするのは、かえって失礼に当たるというものだ。私は先生のお言葉に甘え、夕飯をごちそうになります」

すると、佐藤氏はにっこりと笑って、「キミのように人の好意をすんなりと受けてくれる人間が私は大好きだ」と答えたといいます。実は、このB氏こそ、後に総理大臣となった中曽根康弘《なかそねやすひろ》氏その人なのです。

さて、なぜ、こんな話をしたかというと、施しを受けることが、相手に喜びを

与える場合もあるということを強調したかったからです。

あなたの場合はいかがでしょう。人の家にお邪魔したとき、「夕飯を召し上がっていってください」といわれたにもかかわらず、「もう、今夜は遅いですから」といって辞退したりはしませんか？「このたびはご愁傷《しゅうしょう》さまです」といって香典を差し出してくれたにもかかわらず、「お気持ちだけでけっこうです」といって頑《かたく》なに辞退したりはしませんか？

もしそうなら、今すぐ改めることです。「夕飯を召し上がっていってください」というのは、あなたに好感を寄せている証拠なのです。「このたびはご愁傷さまです」といって香典を差し出すのは、あなたに対してお悔やみの気持ちを示そうとしている証拠なのです。それなのに、そういう相手の気持ちを無にしたら、相手だっておもしろくないに決まっています。

喜びを与えるだけでなく、喜びを与えてもらう。人に施すだけでなく、施しを受ける。親切にするだけでなく、親切にされる。そういった「受け身の対応」も相手との縁を深めることにつながっていくのです。

第5章のまとめ

◎他人に喜びを与えると、他人から感謝され、好感を持たれるようになる。そこから人の縁も増大し、運命の人と出会うチャンスも早まる。

◎プラスの言葉にはプラスの感情が、マイナスの言葉にはマイナスの感情が自然に結びついていく傾向がある。

◎人に喜びを与えるためには、笑顔をキープする、明るい話題を提供する、感謝の言葉を周囲の人に提供する、ユーモアを口にする、相手の特別な日にプレゼントを贈る、相手の趣味や嗜好に敏感になる、といったことを肝に銘じる。

◎相手に同情するだけが喜びを与えることではない。ときには励まし、人によっては「叱咤激励」することも、喜びを与えることにつながっていく。

◎喜びを与えるだけでなく、喜びを与えてもらう。人に施すだけでなく、施しを受ける。親切にするだけでなく、親切にされる。そういった「受け身の対応」も相手との縁を深めることにつながっていく。

第6章

「縁」を引き寄せる法則　その4
人に尽くす

徳を積めば積むほど、「人の縁」が作りやすくなります

私は、「人の縁がうまく作れない」「運命の人と出会えない」という人に対して、ときたま、次のようにアドバイスすることがあります。

「人の縁を作り、運命の人と出会いたければ、『他人にこうしてもらいたい。ああしてもらいたい』と考える前に、まず他人のために役立つことを考えてみてはどうでしょう」

要するに、自分の欲望や快楽を満たそうと考える前に、人を助けること、人に尽くすことを優先して考えると良いということです。

では、人を助けたり、人に尽くしたりすると、どうして人の縁ができやすくなるのでしょう。それは、潜在意識の働きが関係しているからです。

すべての人間の心は、潜在意識を通して他人とつながっています。そのため、他人のためになることをすれば、他人の幸せになるばかりではなく、『おうむ返しの作用』によって、自分にも何らかの形で跳ね返ってくるのです。

つまり、他人を助ける、他人に尽くすという行為は、ほかならぬ自分自身のた

めなのです。

いい換えると、人のために役立ったり、社会のために貢献すると、徳を積むことになるため、そのぶん、恩恵を受けやすくなります。

すなわち、あなたが「脱サラして、自分のお店を持ちたい」「海外に移住したい」という願望を抱いているとすれば、その願望をかなえてあげようと応援してくれる人や、その方向に人生が展開していくように誘導してくれる人が、現れるわけなのです。

ただこういうと、あなたは、「そうはいっても、自分のことだけで精一杯で、他人のことなんか、かまっている余裕なんてないよ」と反論するかもしれません。

しかし、徳を積むという行為はけっして難しいことではないのです。今日から簡単に実践に移せることがたくさんあるのです。

そこで、本章ではそのへんのノウハウについて述べていきたいと思います。

親切の種をまけば、縁を招くことにつながります

スリランカにキャンディという名前の古都があります。キャンディでは毎年夏になると二週間、寺に祀《まつ》ってある仏さまの歯を特別な衣装をつけた象に載せて、町をねり歩くお祭りが行われます。そして、このお祭りの期間、他人に対して一日一〇回の親切を施すと、一年間幸せに生活できるという言い伝えがあるのです。

そのせいか、この時期になると、市民は街中に落ちているゴミを拾ったり、貧しい人に食事を振る舞うなどの行為を率先して行います。観光客に対しても同様で、フルーツを無料で提供したり、親切に道案内をしたりします。

そこで、あなたもこのお祭りを参考に、一日一〇回、親切の種まきを行ってみてはどうでしょう。といっても、そんなに難しく考える必要はありません。

「人が落とし物をしたら教えてあげる」

「電車の中で身体の不自由な人やお年寄りに席を譲ってあげる」

「道に迷っている人がいたら、ていねいに教えてあげる」

「忙しそうにしている同僚のために、お茶を出してあげる」

こういった些細なことを行うだけでもいいのです。

ただ、その際、「私はあなたのためにここまでやってあげたのだ」といって、相手に恩を売るような態度をとるのはやめましょう。また、特定の人に対して、「この恩はどこかで返してもらいたい」などと見返りを要求するのも厳禁です。そういった打算的な気持ちがあると、他人にいくら親切にしても、プラスマイナスゼロとなり、徳を積んだことにはならないのです。第一、そういう気持ちを抱きながら人に接すると、相手だって負担を感じるようになり、あなたを敬遠するようになります。

つまり、人に親切の種をまいたからといって、直接、相手から「縁」という名の実が刈り取れるとは限らないのです。それは、この宇宙を巡り巡って、間接的に、それも意外な形で自分のもとへ返ってくるものなのです。

従って、ただただ、「この人の役に立ちたい」「この人を助けたい」「この人に尽くしたい」という寛容な心でいることが重要になってくるのです。

相手の立場になって行動すれば、縁はあなたを好みます

前項で、親切の種まきを行うことの重要性と注意事項について述べましたが、その際、もう一つ、肝に銘じておいてもらいたいことがあります。それは、相手の立場に立って行動するということです。

電車の中でお年寄りに席を譲る場合、「本当は足腰を鍛えるために立っていたい」という相手の気持ちを無視して、「どうぞ」「どうぞ」といって強引に勧めれば、かえって相手の心証を害してしまいます。あるいは、前章で述べたことと関連しますが、「ごちそうしますから」といってベジタリアンの人に焼肉を勧めても、これまた親切が仇《あだ》となってしまう恐れがあります。

こうした過ちを防ぐためにも、「今、何をしてあげたらこの人は助かるだろうか」「今、どうしてあげたら、あの人は喜ぶだろうか」といったことを考えながら、親切の種まきを行ってもらいたいのです。そうすれば、場面に応じて、こんな気持ちが持てるはずです。

「忙しそうにしている同僚の代わりに銀行に行ってあげよう」

「後輩のコピー取りを手伝ってあげよう」

「○○に行くのに、迷ってはいけないので、紙に地図を描いてあげよう」

「今日はものすごく暑いから、外回りから帰ってきた同僚のために、冷たいジュースを用意してあげよう」

　また、相手のニーズにさりげなく応えてあげることも、親切の種まきにつながります。たとえば、知人のAさんが、絶版になってしまったある本を読みたがっていたとしたら、そのことを記憶しておき、「この前、家の近くの古本屋で偶然見つけたもので、よろしければどうぞ」といって、差し上げるのです。

　こういわれれば、相手だってとても嬉しいでしょうし、あなたに対して感謝の念を持つようになります。「この人は、私のことをいつも気にとめてくれているのだ」「そういう人とは、もっともっと親しくなりたい」と考えるようになります。すなわち、あなたよりも相手のほうが、あなたとの縁作りに躍起になるのです。

　さて、あなたなら、誰のために、何をしてあげますか？

運命の人と出会うために、マインドヘルパーになりましょう

都内のあるところに、Tという美容院があります。このお店、開業して、まだ二年しか経っていないのですが、いつ行ってもお客さんでいっぱいです。

なぜでしょう。お客さんがいうには、そのお店のスタッフはマインドヘルパーのようなところがあるというのです。

具体的にいうと、「ブラジルへ個人旅行をするなら、お勧めのマニュアル本がございますよ」「新宿に二〇〇〇円以下のバイキングレストランができたの、ご存知でしたか?」と情報を提供してくれたり、「肩こりがひどいなら、上手なマッサージ師を紹介しましょうか?」「英会話を習いたいなら、良い先生を紹介しましょうか?」と人を紹介してくれるので、そのお店に行くと、得した気分になるというのです。

すると、どうなるでしょう。お客さんの口コミでそのお店の良さが伝わり、縁が縁を呼んで、よりたくさんのお客さんが来るようになりました。そして、ついには、「私が事業資金を出すから、池袋に支店を出さないか」という人まで現れ、

その人の力添えで、近々、二号店がオープンするというのです。その協力者などは、飛躍や発展のチャンスを運んでくれたという意味で、まさに運命の人といっていいでしょう。

そこであなたも、人に尽くすために、他人に知識や情報を提供してあげたり、自分の人脈を紹介してあげてください。

「ハワイへ旅行に行くなら、ワイキキにある○○というホテルがお勧めです。眺めが抜群で、設備も整っていますよ」

「○○に新しくできた健康ランドにはゲルマニウム風呂がありますよ。それに料金も安いんです」

「遺産相続のことでお困りなら、知り合いの行政書士を紹介しましょうか？」

「胃腸専門の、良い医者を知っているんです」

こういったことが、誰に対しても、わけへだてなくできるようになればしめたものです。人の縁がどんどん広まり、やがては意味ある偶然の一致、『シンクロニシティ現象』によって、あなたの前に運命の人が現れるのも時間の問題となるのです。

ちょっとしたサービスが、縁作りの栄養分となってくれます

もう一つ、実例を紹介しましょう。

Aさんは、数年前から知人の紹介で、ある床屋に通うようになりました。それも、自宅から、わざわざ三〇分も電車に乗って行くというのです。

なぜでしょう。Aさんにいわせると、「あそこに行くと得した気分になるからだ」というのです。その床屋は散髪のほかに、一〇分、ときには二〇分近くも、肩や首をていねいにマッサージしてくれるそうなのです。

あるとき、Aさんはその床屋の理髪師から、「結婚したいのですが、誰かいい人いませんかね」という話を持ちかけられました。「この人のために一肌ぬごう」と考えたAさんが、知り合いの女性を紹介したところ、めでたく婚約の運びになったそうです。

これなどは、縁が縁を呼んで運命の人と出会えた好例といっていいでしょう。

では、その理髪師は、なぜ縁をきっかけにフィアンセと出会うことができたのでしょう。それはやはり、人に尽くすことを第一に考えてきたからです。そうで

す。本業の散髪以外に、一〇分、ときには二〇分近く、お客さんにマッサージをするという、ちょっとしたサービスを心がけたことが、徳を積む結果となったのです。

つまり、できる範囲でちょっとしたサービスを人に施すことが、重要になってくるのです。

「お花見をするとき、仲間のために調理器具を持参し、焼きソバやお好み焼きを作ってあげる」

「知人にモーツァルトのCDを貸してあげるとき、ついでにほかのクラシック音楽のCDも貸してあげる」

「銀行に行ったついでに、同僚の用事もすませてあげる」

こうしたちょっとしたサービスを、不特定多数の人に行うように心がけましょう。そうすれば、「あの人はほかの人とは違う」という好印象を持たれ、人の縁がどんどん深まっていくようになります。すると、縁が縁を呼んで、運命の人と出会う確率だってグンとアップするようになるのです。

「生き金」を投資すれば、縁が分配されます

あなたは、貢献という言葉から何を連想するでしょう？　貢献といえば寄付、寄付といえばお金を連想する人が多いのではないでしょうか。

実際、そのとおりで、アメリカの実業家、アンドリュー・カーネギーやジョン・ロックフェラーといった偉大な成功者たちは、社会にかなりの富を分配したことで知られています。

カーネギーを例にとれば、全財産の大半を図書館や障害者などへの献金に当てたほか、大学やコンサートホールの設立にも力を注ぎ、後世、「世界でもっともお金を稼ぎ、社会のためにもっともお金を費やした男」という異名をとるまでに至りました。

最近の例でいえば、ソフトウエア世界最大手・マイクロソフトのビル・ゲイツ会長が、結核撲滅のための研究支援資金として、九億ドル（約一〇五〇億円）を関連団体に寄付したことも話題になりました。

しかし、富を社会に分配し還元することが、人に尽くす最善の方法であること

と理屈ではわかっていても、一般の人たちに同じことをやれといっても無理があります。

ただし、他人の幸福や成功のために、少額の「生き金」を投資してあげることぐらいは可能なはずです。

「身近に、本を出版した人がいたら、書店で購入してあげる」
「自主制作でＣＤを出した友人がいたら、一枚購入してあげる」
「演劇をやっている知人がいたら、チケットを購入し、公演に行ってあげる」
「知り合いに、コンビニを始めた人がいたら、そのお店で商品を購入してあげる」

このように、数千円、いや、数百円でもかまいません。他人のためにお金を投資すれば人から感謝され、それは徳を積んだことになります。そうすれば、いつか必ず、恩恵として自分に跳ね返ってくるのです。

すなわち、意外なときに、意外な形で、人の縁が生まれるのです。それがきっかけとなって、願望実現や成功のチャンスが生まれたり、人生にツキをもたらしてくれる運命の人と遭遇することが可能になるのです。

「時」は縁を生み出し、さらなる縁を呼びます

ここで、Yさんの体験を紹介しましょう。

以前、Yさんは友人から、年末の忘年会に出席してほしいと頼まれたことがありました。当時、その友人の興した会社が一〇周年を迎え、そのお祝いも兼ねて、Yさんに乾杯の音頭をとってほしいというのです。

とてもおめでたくて光栄なことだったのですが、正直いって、Yさんは少々戸惑ってしまいました。というのも、その日はあいにく別な用事が入っていたからです。

しかし、友人のたっての願いを無下《むげ》に断るわけにもいきません。Yさんはできるだけ早く用事をすませ、忘年会に駆けつけ、乾杯の音頭をとったのです。それを友人はとても喜んでくれ、Yさんに何度もお礼の言葉を述べたのでした。

さて、なぜ、こんな話をしたかというと、他人のために貴重な時間を割いてあげることも、人に尽くすことにつながると、いいたかったからです。

実際、成功者と呼ばれる人、すなわち、人の縁によって、飛躍や発展のチャン

スをモノにした人を観察すると、皆さん、どんなに忙しいときでも、他人のために時間を割いています。そうすることによって、人から感謝されると同時に、徳を積むことになると無意識に察知しているのです。

そこで、あなたも、他人のために時間を割いてあげてはいかがでしょう。

「同僚のショッピングに付き合ってあげる」

「悩み事を抱えている後輩の相談に乗ってあげる」

「知人からパーティや会合に誘われたら、出席してあげる」

「友人がピアノの発表会で演奏するときは、聴きにいってあげる」

このように、他人のためにちょっとした自分の空き時間をささげるだけでいいのです。

そうすれば、時は縁を生み出し、その縁がさらなる縁を呼んで、運命の人と出会う確率だってグンとアップするようになります。すなわち、「時は金なり」ではなく、「時は縁」となって、あなたに還元されるのです。

人の嫌がることをやりつづければ、「人の縁」を引き寄せます

あなたにとって、毎日の生活の中で、「これをするのはイヤだなぁ」「できれば、これだけはしたくない」と思うものは何でしょう？

「トイレの掃除」「食事の後片付け」「灰皿の後始末」等々、いろいろ挙げられると思います。

けれども、ここは覚悟を決め、何か一つだけでもいいから、人の嫌がることをやりつづけてみてはいかがでしょう。そうすれば、徳を積むと同時に、周囲の人からも感謝されるため、そのぶん、人の縁を引き寄せやすくなるのです。

広告代理店で働いていたＯＬのＹ子さんなどは、その好例といえるかもしれません。

Ｙ子さんは学生時代からデザイナーを志していたのですが、運悪く、就職活動に失敗してしまいました。どうにか小さな広告代理店に入社したものの、総務部に配属され、やりたくない経理の仕事をすることになったのです。

こういうとき、たいていの人は失望と落胆の念にかられてもおかしくはありま

せん。しかし、Y子さんは違いました。経理の仕事を黙々とこなす傍《かたわ》ら、毎日、誰よりも早く出社し、トイレの便器をピカピカになるまで磨くことを日課にしたのです。

すると、興味深い現象が起こりました。そのことが、ある求人雑誌に取り上げられたのです。そして、それを読んだあるデザイン会社の社長が感激し、彼女にヘッドハントの話を持ちかけてきたのです。

こうして、Y子さんは念願のデザイナーになることができたわけです。

繰り返しいいますが、人の嫌がることや人が面倒くさがることを黙々と行えば、徳を積むだけでなく、周囲の人からも感謝されるようになります。すると、「あの人は感じがいい」「あの人のために役立つことをしたい」「ああいう人と一緒に仕事をしたい」と思われるようになり、大勢の人たちが磁石で吸いつけられるかのように、その人のもとに集まるのです。

つまり、この段階で、縁が生まれ、その縁が願望実現や成功のチャンスを提供してくれる運命の人まで呼び込んでくれるのです。

ボランティアメニューを実践すれば、運命の人が現れます

これまで、「人を助けたり、人に尽くしたりすれば、徳を積むことになるため、人の縁ができやすくなる」という視点で、その具体的な方法について述べてきました。

ここでは、それをさらに一歩推し進め、「今日はこれを行う」「明日はあれを行う」といったぐあいに、毎日の日課にすることを提案したいと思います。

もう少し詳しくいうと、こんな感じに日替わりのボランティアメニューを考案し、実践してみるのです。

月曜日→気づいた範囲で道に落ちているゴミを拾う。
火曜日→会社のトイレ掃除を率先して行う。
水曜日→退社後、家に帰り、家事を手伝う。
木曜日→休み。
金曜日→友人の悩みを聞いてあげる。

土曜日→朝、早く起きて、自宅の前の道路を掃除する。
日曜日→読み終えた本や不要な本を図書館に寄付する。

これは一つの例ですが、できる範囲であなたなりのメニューを作ってみてはいかがでしょう。

もちろん、はじめのうちは億劫《おっくう》かもしれません。さぼりたくなることだってあるかもしれません。しかし、日課として、とにかく毎日つづけてみるのです。三カ月、四カ月、半年と、習慣になるまでつづけるようにするのです。そうすれば、それが苦ではなくなり、考え方も同化するようになります。人に尽くすことに心から喜びや生きがいを感じるようになります。

そうなればしめたものです。たくさんの徳を積むことで、あなたが必要以上に意識しなくとも、人の縁がどんどん深まり、運命の人のほうがあなたに歩み寄ってくるのです。

すなわち、応援や協力をしてくれる人が現れ、その人の力添えによって、願望をかなえたり、飛躍や発展のチャンスをモノにできるかもしれません。あなたの人生は自分の思い描いたとおりに展開していくようになるのです。

仕事に使命感を組み入れれば、驚くほど縁を作れます

私は人からこういわれることがあります。

「植西さんは、たくさんの本を出版されていますが、一冊の本を書くのは、ものすごく大変ではないですか？」

なるほど、いわれてみれば確かにそのとおりで、一冊の本を書くのにかなりのエネルギーを費やすのは事実です。プロットの整理がつかなくなったり、執筆に行き詰まると、それだけで疲労が蓄積してしまいます。

にもかかわらず、私がここまでつづけてこられたのは、「人々に夢と生きる希望を与えたい。運を良くしてもらいたい」という使命感のようなものがあるからです。ですから、何冊もの本を出してこられた。また、その見返りとして、神様が食べるに困らないだけの収入を与えてくれ、たくさんの人との縁を作ることができた。そんな気がしてならないのです。

これまで、本章では人に尽くすための方法をいろいろな角度から述べてきたわけですが、これからは自分の仕事に、次のような崇高な理念を取り入れてみると

いいかもしれません。

「弁護士の仕事を通して、トラブルに巻き込まれて苦しんでいる人を一人でも多く助けたい」

「介護福祉士の仕事を通して、寝たきりの老人に生きる希望を与えたい」

世のため、人のために貢献するというポリシーがあると、その良心が徳を積むことにつながるため、より良い反応をいち早く起こすことができるのです。

つまり、「弁護士として開業するなら、私が応援、協力しましょう」「介護福祉関係の仕事を希望するなら、私が勤務先を斡旋《あっせん》しましょう」といってくれる運命の人が現れやすくなり、願望の実現や成功が加速されるようになるのです。

使命感を持って仕事に取り組んでいれば、「世のため、人のために、自分は貢献している」「なすべきときに、なすべきことをしている」という充実感と満足感にいつも浸れるようになります。

つまり、そういう人は恒久的な幸福感が味わえるため、生きがいを満喫する日々が送れるようになるのです。

第6章のまとめ

◎人のために役立ったり、社会のために貢献すると、人の縁ができやすくなる。なぜなら、すべての人間の心は、潜在意識を通してつながっているため、他人の幸せが自分にも何らかの形で跳ね返ってくるからである。

◎人に尽くすためには、他人に親切にする、相手の立場になって行動する、知識・情報・人脈を提供する、ちょっとしたサービスを心がける、他人の幸福・成功のために「生き金」を使う、他人のために時間を割いてあげる、人の嫌がることをやりつづけるといった行為が重要になってくる。その場合、相手から直接的な見返りを期待してはならない。それは、巡り巡って、間接的にあなたのもとへ返ってくる仕組みになっている。

◎日替わりのボランティアメニューを考案し、それを習慣にしてしまえば、人の縁がどんどん深まり、運命の人のほうがあなたに歩み寄ってくるようになる。

◎仕事に使命感を組み入れれば、運命の人が現れやすくなり、願望の実現や成功が加速されるようになる。

第7章

「縁」を引き寄せる法則　その5
生きがいを担ってくれる
願望を持つ

平凡で怠惰な生活からは、縁は生まれません

ここで、あなたに簡単なテストを受けてもらいましょう。以下の項目に該当するものがあれば、チェックをつけてください。

□アフターファイブは気の合う仲間とお酒を飲んだり、マージャンをすることが多い。
□出不精なほうだ（外出するのが億劫《おっくう》なほうである）。
□仕事は給料を稼ぐための手段と割り切っている。
□休日は家でダラダラすることが多い。
□本はあまり読まないほうだ。
□毎日つつがなく暮らせればそれでいい。
□リスクを冒してまで脱サラする人の気が知れない。
□決まりきった人としか会わない。

さて、今、挙げた八つの項目の中で、半分以上該当する人は注意が必要です。「人の縁をなかなか作ることができない。従って、運命の人と出会う可能性も低い」といっていいでしょう。

該当する項目が多いということは、それだけ平凡な生活を送っている証拠だからです。そういう生活スタイルでいると、第一章で述べた新しい「運命の図」の作成ができなくなります。

新しい「運命の図」の作成ができなくなると、生活パターンや行動にも変化が起きないため、決まりきった人としか顔を合わせなくなります。つまり、新たな人と出会う頻度も少なくなり、それに比例して、縁も作りにくくなるのです。

では、平凡な生活スタイルから抜け出すためにはどうすればいいかというと、夢や願望を抱くようにすればいいのです。「将来、カナダで暮らしたい」「いつか、独立して自分のお店を持ちたい」という夢や願望を掲げれば、自然と「運命の図」が作成できるようになり、それに向けて行動を起こすようになるのです。

そうなれば、新たな人と出会う頻度も増え、それに伴い、あなたの願望実現のチャンスを提供してくれる運命の人が必ず現れます。夢や願望は、縁を作り、運命の人と出会うための大きな原動力になるといっても過言ではないのです。

願望は、縁を引き寄せる磁石のようなものです

前項で、夢や願望を掲げれば、自然と「運命の図」が作成され、それに向けて行動を起こすようになるため、新たな人と出会う頻度も増え、それに伴い、運命の人が必ず現れるようになると述べました。ここでは、その理由をもう少し詳しく解説してみたいと思います。

第一に、願望を持つと、行動力がアップするようになります。つまり、「この願望をかなえるためにはこうしよう」「ああしよう」という積極的な考えが頭をよぎり、それに基づいて行動します。すると、おのずと行動半径が広くなるため、新たな人との出会いが期待でき、そのぶん、縁も作りやすくなるのです。

第二に、願望を持つと、日々の言動がイキイキしてくるため、人から好かれやすくなります。わかりやすいたとえを出していうと、「明日から連休をとって旅行に行く」というとき、誰だって機嫌が良くなり、上司から用事をいいつけられても、二つ返事で「はい」と返答できるものです。このようなときは、顔の表情から、言葉づかい、しぐさ、態度にいたるまで、すべてがイキイキとし、明るく朗

らかに振る舞えるため、人から好感を持たれやすくなります。つまり、願望を持つと、同様の変化が起こり、人から好かれやすくなり、それがきっかけで人との縁が深まっていく可能性があるのです。

第三に、潜在意識の働きを挙げることができます。願望が潜在意識にインプットされると、願望をかなえるべく、潜在意識はいろいろな合図を出し、誘導してくれるようになります。その最たるものが、第三者による誘導措置、すなわち、願望達成のチャンスを提供してくれる運命の人との出会いなのです。

実際、あるときヒラメキがわいてきて、それに従って行動したら、「事業資金を提供してくれる人と出会え、その人のおかげで念願の脱サラに成功した」「ある人と出会い、その人の紹介で今の会社に再就職したら、とんとん拍子に出世した」という人たちがいます。

とにもかくにも夢や願望を掲げることです。これさえ肝に銘じれば、あなたは必ず素晴らしい縁を作り、運命の人と出会うことができるようになるのです。

本気になれる願望を掲げないと、縁が生まれません

夢や願望を掲げれば、素晴らしい縁ができ、運命の人と出会うことができるといいました。ただその際、注意しなければならないこともあります。それは、情熱と信念が注ぎ込める願望を打ち立てなければ、意味がないということです。

たとえばあなたが、脱サラをして自分のお店を持ちたいと真剣に願っていたとします。

このとき、あなたなら、まず、どういったことを考えるでしょう? おそらく、「いかにして、開業資金を捻出するか」「どこにお店をかまえるか」ということを検討するのではないでしょうか。開業資金が足りない場合は、融資を受ける方法だって考えるはずです。

その根底には、「何が何でも脱サラして、自分のお店を持ちたい」という情熱と、「必ず脱サラして、自分のお店をかまえてみせる」という信念があるのです。その情熱と信念が、応援や協力をしてくれる人を引きつけ、願望がかないやすくなるというわけです。

しかし、同じように脱サラして独立を目指す場合でも、「マイクロソフトの創業者ビル・ゲイツのような成功者になりたい」と思っている人は、ちょっと考える必要があると思います。いまいち真剣さが伴わないことも考えられるからです。

なぜなら、「やっぱり、無理かもしれない」「不可能かもしれない」というダメ意識が根底にあると、情熱や信念だって伴わなくなります。逆境やピンチに遭遇したなら、すぐにリタイアすることを考えるようになります。そのため、応援や協力をしてくれる人も現れにくく、夢や願望が絵に描いた餅で終わってしまうことになるのです。

もちろん本気で思っているならそれは良いことです。でもそうでないなら、あなたも、本気になれる願望を掲げることです。そして、その願望に情熱と信念が注ぎ込めるかどうかを吟味してみましょう。逆境やピンチに遭遇しても、乗り越えていけるかどうかを、ぜひ検討してみてください。

そうでないと、「運命の図」が新たに作成されることもなく、人の縁も生まれないまま終わってしまうことになるのです。

願望を掲げるときは、動機や目的を明確にしましょう

願望を掲げるうえで、もう一つ認識していただきたいことがあります。それは、「なぜ、そうなりたいのか」という動機づけを、できるだけ明確にするということです。

そうでないと、仮に願望がかなったとしても、人の縁を作ったり、運命の人と出会うことができなくなります。

次に紹介するA子さんなどは、その典型といえるかもしれません。

A子さんは、「友達がみんなイギリスに行っているから、自分もイギリスに行ってみたい。それに旅先で素敵な男性と知り合えるかもしれない」という安易な動機で、「イギリスへ旅行に行く」という願望を打ち立てました。ところが、念願かなってイギリスへ行っても、ちっとも楽しくありませんでした。なぜなら、イギリスに興味もなければ、食べ物も合わなかったからです。しかも、素敵な男性と知り合うこともできませんでした。最後には、「こんな思いをするなら、行かなければよかった」と後悔の念にかられるようになったというのです。

これとは対照的なのが、造園デザインの仕事をしているB子さんです。彼女もA子さん同様、「イギリスへ旅行に行く」という願望を打ち立てたのですが、その動機が違いました。B子さんには、「いつか、イギリス庭園のような空間を作ってみたい。その参考に本場のイギリス庭園を鑑賞したい」という崇高な理念や目的があったため、それが運命の人を招き寄せたのです。

それはこういうことです。B子さんは旅行中、同じツアーに参加した、ある年配男性と親しくなりました。そして帰国後、その人の紹介で、彼女が望む仕事をやらせてくれる造園会社に転職を果たすことができたのです。これなどは、崇高な理念や目的が、運命の人を招き寄せた好例といっていいでしょう。

願望を打ち立てる際、「そうなれば幸せになれるかもしれない」とか、「ほかの人がこうだから、自分もこうしてみたい」と安易に考えてはいけません。「自分はどういう理由や目的で、その願望がかなうことを望んでいるのか」を、真剣に吟味することが重要です。

それがあるかないかで、人の縁を作り、運命の人に出会う頻度も大きく違ってくるのです。

願望への強い想念が、運命の人を引き寄せてくれます

願望を掲げたら、次に肝に銘じなければならないのは、そのことを強く思いつづけるということです。前述しましたが、潜在意識には、心の中で考えていることを、すべて無差別に実現してしまう働きがあるからです。願望を掲げたら、その願望を潜在意識にインプットすることが重要になってきます。

しかし、「一流の建築家になって、世界をまたにかけて活躍したいなぁ」「作家になって、ベストセラーを生み出したいなぁ」「弁護士になれればいいなぁ」と漠然と思っているだけでは、効果はあまり期待できません。それだと、いまいち本気になれませんし、想念の力も弱いからです。

想念の力を強めるためには、「必ず一流の建築家になって、世界をまたにかけて活躍してみせる」「絶対にベストセラーを生み出して、作家として成功をおさめる」「何が何でも弁護士になってみせる」というように、強く、本気で思うことが大切です。

だからといって、四六時中、力みながら願望を念じなさい、といっているわけ

ではありません。願望を念じる時間は、一日一回でもかまいません。夜、眠りに入る前にイメージングを行えばいいのです。

「一流の建築家として活躍し、マスコミからインタビューを受けているシーン」
「出版した本が大好評で、サイン会をしているシーン」
「弁護士の資格を取って、依頼人にアドバイスしているシーン」
というような場面を、楽しみながら、なおかつ、リアルに具体的にイメージするのです。

あなたにとって、その願望が本物であればあるほど、真剣になれるはずです。熱意が体中からみなぎるのを感じるはずです。

その熱意が潜在意識を経由して、縁、すなわち願望実現のチャンスを提供してくれる運命の人を引き寄せてくれるのです。

「継続こそ縁なり」ということを忘れてはなりません

願望を掲げ、イメージングを繰り返すことの次に重要なのが、願望実現に向けての行動です。フランスのことわざで「卵を割らなければオムレツは作れない」とあるように、行動を起こさなければ人の縁を作ることができないため、一切の成果が期待できません。いい換えると、願望を実現するためには行動するという努力が大切だということです。

「願望実現に英会話が不可欠だとしたら、英会話教室に通う」
「国家資格を必要とするなら、試験勉強に励む」
「ＩＴの専門知識が求められるなら、その種の本を毎日読む」

こうした努力をしてこそ、初めて想念の力も効果を発揮してくれるのです。

なお、その際、注意してほしいのは、努力を「継続」するということです。最初のうちは思い通りにいかなくても、毎日コツコツとつづけていけば、いつか必ず実を結び、大きな成果につながっていくはずです。

著者として無名だったころの私がそうでした。駆け出しのころ、恋愛の成功法則をテーマにした原稿をコツコツと書きつづけていました。毎日、四百字詰め原稿用紙のマス目を埋めていくように努めたのです。最初は、「いつか機会があれば、出版できればいい」くらいの軽い気持ちでいたのですが、人生はどこでどうなるかわからないものです。

あるとき、その原稿のことをある出版社の編集者に話したところ、「その内容はおもしろい。ぜひ、ウチで出しましょう」ということになり、出版されるやいなや大ヒットしたのです。これには、私もびっくりしました。そして、その本のヒットがきっかけとなって、私は著者として活動するようになったのです。

今思えば、その編集者を紹介してくれた人と、「その内容はおもしろい。ぜひ、ウチで出しましょう」といってくれた編集者は、私にとってまさしく運命の人であったのです。

これでよくおわかりですね？　願望を強く思いながら、努力を毎日コツコツと積み重ねていくことが重要なのです。状況に変化の兆しが見えなくとも、とにかくやりつづけることです。

そうすれば、いつか、意外なときに意外な縁を作ることができ、その中から、願望実現のチャンスを担ってくれる運命の人が、必ず現れてくれるのです。

複数の縁を作るために、願望はできるだけ公表しましょう

前項で、願望を強く思いながら、努力を毎日コツコツと積み重ねていくことが重要になってくると述べました。そのとき、願望を他人に公言すると、なおベターだと思います。

あなたの「デザインの仕事に就きたい」という願望を聞いた人が、「それだったら、知り合いのデザイン会社の社長を紹介しましょう」といってくれるかもしれません。このように、他人が縁をとり持ってくれる場合が、人生にはしばしばあるのです。

その好例として、Aさんの体験談を紹介しましょう。

経営コンサルタントの仕事をしているAさんは、以前から創業をテーマにした本を出版したいと願っていました。そして、「あの人は出版関係の人脈が豊富だから、相談に乗ってくれるかもしれない」と考え、ある勉強会で親しくなったBさんに面会を求めました。するとBさんは、ある出版社のCさんという編集長を紹介してくれました。

一カ月ほど経って、CさんはAさんにこういってきました。

「内容が斬新で、とてもおもしろいのですが、残念なことに企画会議でボツになりました。その代わり、私が親しくしているDさんという編集者を紹介しましょう。あそこの出版社なら企画が通るかもしれません」

今度は、Cさんの紹介でDさんに企画を持ち込んだところ、案の定、ゴーサインが出て、ついに念願の本を出版することができたのです。

ここで注目すべきは、Aさんが念願の本を出版するまでに、複数の縁が介在しているということです。一人はBさん、一人はCさん、そしてもう一人はDさん。つまり、縁が縁を呼んで、Aさんの願望は実現に至ったというわけです。

こうした複数の縁を作るためにも、協力してくれる人にはできるだけ願望を公言するといいと思います。

願望を公言すれば、それに協力してくれる人が現れます。磁石のように、応援や協力してくれる人が引き寄せられるでしょう。その人たちの力添えによって、あなたの願望が予想していたよりも案外早くかなう場合だってあるのです。

願望実現のチャンスは、意外なときに意外な形で訪れます

これまで述べてきたことを心がけていけば、いつか必ず、願望達成のチャンスが訪れるわけですが、問題は、それにどう気づくかです。というのも、チャンスに敏感でないと、それはあなたのもとを平気で通り過ぎていってしまうからです。

しかも、チャンスというものは、ひと目でわかるようなシグナルを発してはくれません。また、いつやってくるかもわかりません。なかなかやってこないこともあれば、急にやってくることもあります。つまり油断できないのです。

ですから、たえず人の縁を意識することが重要になってきます。何度もいうように、願望達成のチャンスというものは、その形がどうであれ、人によってもたらされることが圧倒的に多いからです。

そこで、詳細は後述しますが、以下の事柄に敏感になってもらいたいのです。そうすれば、願望達成のチャンスを必ずつかまえることができるはずです。

□信頼できる人からの誘いには素直に応じる。

□頼まれ事には気軽に応じてあげる。
□生活パターンに変化をつける。
□新しいことにチャレンジしてみる。
□思い切って生活環境を変えてみる。
□インスピレーションに従って行動してみる。
□非日常的な体験をしてみる。
□情報に敏感になる。
□ツイているときは、積極的に行動する。
□『シンクロニシティ現象』を意識する。

繰り返しますが、願望達成のチャンスは、いつ、どういう形でやってくるかわかりません。しかし、人によってもたらされることだけは確かです。

そのためにも、日頃から、人との出会いや縁を大切にするクセをつけておきましょう。

願望の芽が出なくても、焦って土を掘り返してはいけません

願望を心の中で強くイメージし、積極的に行動すれば、磁石が鉄片を引き寄せるように、欲するものを引き寄せることができます。ただし、ここで一つ注意しなければならないことがあります。

それは、「なかなか願望がかなわない」「いっこうに運命の人が現れない」といって焦ってはならないということです。

焦ると、マインドがネガティブな方向に傾いてしまいます。すると、ますます焦ります。ますます焦ると、余計、ネガティブになります。この状態を野放しにしておくと、悪いほうへ悪いほうへと意識が向いてしまいます。しまいには、「私には無理だ。もう、あきらめよう」と、願望を放棄してしまう恐れもあるのです。

これを花にたとえると、わかりやすいかもしれません。あなたがヒマワリの種をまき、肥料や水を与えても、なかなか芽が出ないとします。このとき、焦って、様子を見ようと土を掘り返したらどうなるでしょう。せっかく、キレイなヒマワリを咲かせてくれるはずの種も、一瞬にしてダメになってしまいます。つまり、

肥料や水を与えるという行為が無駄になってしまうわけです。

そういうときは自然の流れに身をまかせ、エネルギーを充電しておくことが重要なのです。そうです。「今は願望達成に向けての下準備をしておくいい機会だ」と考え、そのことだけに意識を集中するように努めるのです。

「脱サラして独立を望むなら、今のうちに専門知識を吸収しておく」

「国際弁護士になることを願っているなら、今のうちに英語力を強化しておく」

「行列のできるパン屋を開業したいなら、今のうちにおいしいパン作りの研究をしておく」

このように、願望達成に向けての下準備をしておけば、いざというとき、必ず役に立ちます。そして、その下準備が呼び水となって、人の縁、すなわち運命の人を引き寄せてくれる場合だってあるのです。

ハッピーエンドを信じると、運命の人は土壇場で現れます

Mさんという作家が駆け出しだったころの話をしましょう。

Mさんはあるとき、戦国武将をテーマにした小説を出版社に売り込んだことがありました。数カ月後、念願かなってその本は出版の日の目を見たのですが、程なくして、その出版社が倒産してしまい、印税をもらうことができませんでした。

しかし、人生はどこでどうなるかわかりません。数年後、ドイツへ旅行に行ったとき、同じツアー客の男性と親しくなったMさんが本のことをその男性に話したところ、なんと男性がこういってきたのです。

「帰国したら、その本を読ませてもらえませんか？　ウチから出せるかどうか検討してみましょう」

なんと、その男性は、ある出版社の社長だったのです。帰国してから早速、本を渡すと、その出版社の社長は「これは実におもしろい」といって感動し、リニューアルして出版されることになりました。その結果、二〇万部を超えるベストセラーとなったのです。

なぜこんな話をしたかというと、運命の人は土壇場になって現れる場合がしばしばある、ということを強調したかったからです。

「偉大な成功というものは、人々が敗北のカブトを脱いだ時点を、ほんの少しだけ過ぎたときにやってくる」

これは、成功哲学でおなじみのナポレオン・ヒルの言葉です。願望達成のチャンス、すなわちそれを担ってくれる運命の人というのは、困難やピンチの直後、物事が行き詰まって、にっちもさっちもいかなくなったときに現れるものなのです。

ですから、願望実現に向かって進む過程で、思い通りに事が進まなかったり、幾多の困難に見舞われたとしても、そこでくじけたり絶望してはなりません。どんなときでも、「夜明け前が一番暗い。いつか状況は必ず好転する」と考え、運命の人が現れるのをあくまで期待しようではありませんか。ハッピーエンドを信じようではありませんか。

そうすれば、「やっぱり、この世には運命の人がいるのだ」ということを、あなたは心の底から痛感するはずです。

第7章のまとめ

◎夢や願望は、縁を作り、運命の人と出会うための大きな原動力となってくれる。なぜなら、夢や願望を掲げると、自然と「運命の図」が作成されるようになり、その方向に向けて行動を起こすようになるため、新たな人と出会う頻度も増え、それに伴い運命の人が現れるからである。

◎本気になれる願望を複数掲げ、その動機づけを明確にしよう。そして、イメージングを繰り返し、毎日コツコツと努力を積み重ねていこう。そうすれば、意外なときに意外な縁を作ることができ、その中から運命の人が現れる。

◎願望を公言すれば、複数の運命の人の手助けによって、予想よりも早く願望がかなうことがある。

◎願望達成のチャンスは、いつ、どういう形でやってくるかわからないので、日頃から、人との出会いや縁を大切にするクセをつけておくことが重要だ。

◎願望がなかなか実現しないときは、焦らないで、エネルギーを充電しておく一方で、運命の人が必ず現れることを期待しつづけよう。

第8章

あなたが動けば、「縁」が生まれる
——運命の人と出会う法——

出会いの法則を活用すれば、運命の人とより早く出会えます

縁を作る、運命の人と出会うといっても、自分の精神レベルに見合った人しか現れません。その人たちの力添えによって、成功をおさめたり、願望をかなえたりするのです。従って、運を良くするためには、あなた自身のマインドレベルを高める必要があります。

そのために心がけるべきことをこれまで述べてきたわけですが、実際に縁を作り、運命の人と出会うためには、あなたのほうから積極的に行動を起こす必要があります。いくらマインドレベルの強化に努めても、「棚からボタ餅」を期待していては、なかなか状況が好転しないからです。

マインドレベルの強化には、次の二つの法則を意識的に活用することが、重要です。

一つは、自らを出会いが起こりやすい状態に持っていくということです。日頃から、積極的に行動する習慣を身につけておきましょう。そうすれば、いつでも他人とコンタクトを取りやすい状態に自分を誘導できるため、人の縁を作る頻度、

すなわち運命の人と出会う可能性もそれだけ高まるのです。

もう一つは、『シンクロニシティ現象』に敏感になるということです。運命の人とあなたは潜在意識の奥で、電話回線のようなものでしっかりとつながっているため、マインドレベルが高まると、その回線がオフからオンへと切り替わる仕組みになっています。その切り替わりの合図として、『シンクロニシティ現象』が起きるようになり、その結果、めでたく、この現実の世界で運命の人と出会うことができるのです。

この『シンクロニシティ現象』に敏感になるためには、相手を単なる人脈のレベルとして見なすのではなく、魂のレベルでつながっている、運命的に出会うべくして出会う相手であるという自覚を持つことです。

そこで本章では、自らを出会いが起こりやすい状態に持っていく具体的な方法と、『シンクロニシティ現象』を活用する具体的な方法について述べていきたいと思います。

まずは、前者の自らを出会いが起こりやすい状態に持っていく具体的な方法から解説していきましょう。

「人の縁」を作るには、すぐに動く習慣を身につけましょう

ここであなたに簡単なテストを行ってみたいと思います。以下の項目に該当するものがあればチェックをつけてください。

□休日は何もしないでゴロゴロしていることが多い。
□留守番電話が入っていても、すぐに相手に連絡しない。
□家にいるのが大好き。
□旅行が嫌いである。
□友達に誘われても行動しない。
□手紙を書くのが億劫《おっくう》で、年賀状もキチンと出さないときがある。
□運動嫌いである。

なぜこんなテストを行ったかといえば、人の縁を作り、運命の人と出会うためには、日頃から行動力を高めておく必要があるということを強調したかったから

です。

行動力を高めるには、まず出不精な性格を直しておかなくてはなりません。特に、テスト項目のうち、四つ以上該当する人は注意が必要です。「行動力がだいぶ鈍っている」と考え、腰を軽くし、すぐに動く習慣を身につけておくことをお勧めします。留守番電話が入っていたら折り返しすぐに相手に連絡したり、家にいるのが好きなら外に出るクセをつけるようにしてください。

そして、これがある程度クリアできるようになったら、今度は、

「自分から率先して、相手に電話をしてみる」

「パーティや勉強会など、人がたくさん集まる場所へ顔を出すようにする」

「カルチャースクールなどに通う」

「誰かにお世話になったら、その日のうちにお礼の手紙を書く」

といったように、本書の趣旨に即した行動を起こすようにしましょう。

そうすれば、否が応でも、人と接触したり、会話をせざるをえなくなります。

そのぶん、人の縁を作り、運命の人に遭遇する確率だってグンと高まるようになるのです。

他者との差別化を図れば、「人の縁」が作りやすくなります

人の縁を作るための格好の場所といったら、あなたならどこを連想しますか？おそらく、パーティ、異業種交流会、勉強会、講演会、趣味のサークルといった場を思い浮かべるのではないでしょうか。

もちろん、その通りなのですが、そういう場に出席する際に、一つだけ注意してもらいたいことがあります。それは、やみくもに名刺を配ればいいというものではないということです。実際、そういう場所に顔を出して、多くの人と名刺交換をしたにもかかわらず、後になって相手の顔が思い出せなかったり、どういう人であったか忘れてしまった……という話をよく耳にします。あなたの場合はいかがでしょう。似たような経験はありませんか？

そこで提案ですが、これからは少数でも名刺を交換した相手に対して、あなたならではの独自のアフターフォローを図ってみてはいかがでしょう。

たとえば、あなたが勉強会などでAさんという人と名刺を交換したとします。そこでAさんから耳寄りの情報を聞けたら、二、三日のうちに、数行でもいいか

らお礼の手紙かハガキを書くようにするのです。その際、パソコンを使うのではなくて、手書きにすることが重要なポイントになります。なぜかというと、手書きの手紙のほうが、相手はあなたの真心を感じるからです。あなたの感謝の気持ちがひしひしと伝わるため、それだけで相手は感動し、あなたという人間に好感を抱くようになるのです。

また、相手が何か情報を得たがっていたとしたら、それこそ好都合というものです。自分のできる範囲でかまいませんので、積極的にリサーチし、相手に提供してあげるようにしましょう。

相手の要望に応えてあげるというのは、相手の存在を認めることにつながります。相手は、「あの人は私のことを気にとめてくれているのだ」という印象を抱き、これまたあなたに好感を寄せるようになるのです。

さあ、あなたも初対面の相手に対して、あなたなりのアフターフォローを図ってみてください。それが確固たる縁作りにつながっていくことをいつか実感するはずです。

生活に変化があると、縁が生じやすくなります

ところで、「人の縁がうまく作れない」「運命の人となかなか巡り会えない」という人には一つの共通点があります。それは、どの人も生活パターンの変化が乏しく、マンネリな生活を送っているということです。

たとえば、毎朝、会社に行くのに同じルートで通勤してはいませんか？　職場では同じ人とばかり顔をつきあわせてはいませんか？　退社後も同じ仲間と同じ場所で食事をしたり、同じ通勤ルートで帰宅してはいませんか？　休みの日も同じ場所で買い物をし、同じ時間帯にスポーツセンターに行き、いつものサウナで汗を流してはいませんか？　もし、そうなら、こんなぐあいに生活パターンを変えてみるのも一つの方法です。

□いつもより早く起きてみる。
□通勤ルートを変えてみる。
□新しいランチの店を開拓する。

□職場などで、いつもは会話しない人とコミュニケーションを取ってみる。
□たまには、いつも読まない雑誌や本に目を通す。
□ショッピングや食事場所のテリトリーを変えてみる。
□休日の過ごし方を変えてみる。
□英会話や茶道などの習い事を始めてみる。

このように、変化のある生活を意識的に心がけていれば、さまざまな情報が入手できるばかりでなく、人とコンタクトを取る機会もおのずと増えるようになります。

また、転職を試みたり、引っ越しをしてみてもいいかもしれません。とても勇気のいることですが、思い切って生活環境を変えると、良縁を妨げていた悪因縁が断ち切れることがあるのです。

その場合、「新しい環境にとけこめなかったらどうしよう」「裏目に出たらどうしよう」などとマイナスの方向に考えてはいけません。「きっと、いい出会いが待っているにちがいない」と、あくまで希望を持ってプラスの方向に考えることが重要です。

新しいことにチャレンジすれば、縁が引き寄せられます

人間は、歳を重ねるにつれ、新しいことにチャレンジするのを敬遠するようになります。なぜでしょう。それは、気力や体力がだんだんと衰えていくうえ、「こんなことをして失敗したら、人からバカにされるのではないか」という羞恥心《しゅうちしん》が増大していくためです。しかし、これが人の縁作りの障害になることを忘れてはなりません。そういうことにこだわって、行動半径を狭めてしまうと、人と出会う機会が少なくなってしまいます。

思い当たるフシのある人は、この作用を逆手にとって、「これはおもしろそうだ」「興味がある」と思ったことに、積極的にチャレンジしてみることをお勧めします。

ヨガや気功やエアロビクスといった健康体操、福祉関係のボランティアや老人介護といった社会活動、ダイビングや登山といったスポーツ、ギターやピアノの楽器教室に通うなど、新しいことにチャレンジすれば、新たな人と知り合う機会が多くなります。そのぶん、縁が作りやすくなって、運命の人と出会う頻度も高

まっていくのです。

Ｅさんなど、その好例といえるかもしれません。Ｅさんはもともと、都内にある整骨院で働いていたのですが、外国のマッサージの良い点を治療に取り入れたいと常々思っていました。そんなあるとき、旅行先のタイでタイ式マッサージに出会ったのです。以来、仕事の合間をぬってはタイへ出向き、現地のマッサージ師に教えを請うようになりました。

すると、興味深いことが起こりました。その場に居合わせた現地在住のお金持ちの日本人が、「あなたは好奇心旺盛で、実に研究熱心だ」とＥさんに感心し、その熱意にほだされたのか、「資金を出すから、脱サラして、タイ式マッサージの専門店を出さないか」と提案してきたのです。そうして、その人の援助や協力によって、Ｅさんは、タイ式マッサージと日本式マッサージを合体させた、今までにないユニークなマッサージ店をオープンさせることに成功するのです。

この例のように、新しいことにチャレンジすれば個性や才能を磨くチャンスが開けるだけでなく、新たな出会いによって新たな縁を築くことだって可能です。そして、相手が運命の人なら、あなたの人生は大きく飛躍し、発展していくことになるのです。

非日常的な体験が、あなたに素晴らしい縁を与えてくれます

数年前、ある大手旅行会社が、都内で働く一〇〇〇人の独身男女（各五〇〇人）を対象に、「旅行という言葉から連想する言葉は何か」という調査を行いました。

すると、「運命的な出会い」と答えた人が男女ともに二割を超え、「人とのふれ合い」と答えた人が男女ともに三割近くいることが判明しました。つまり、およそ半分の人が、旅行に対して「縁」のようなものを期待しているというのです。

ちなみに、これは独身男女に限ったことではありません。その旅行会社の調査によれば、既婚者も、「旅行に行く一番の目的は？」と問われると、「観光」「グルメ満喫」よりも「現地の人との交流」と答える人が意外と多いそうです。

実際、「今の家内（夫）とは旅先で知り合った」「旅先で知り合ったAさんと意気投合し、今も付き合いがつづいている」「ビジネスパートナーのBさんとは旅先で知り合った」「旅先で出会ったCさんのおかげで、生きがいにつながる趣味が得られた」という話はよく耳にします。

旅に出ると、どうして、人と出会うチャンス、縁を作るチャンスが増えるので

しょう。それは、旅に出ることによって、いつも何かに追われているような不安や仕事上のつまらないこだわり、あるいは人間関係のしがらみといったものから解放され、マインドがオープンになることと関係します。マインドがオープンになれば、それだけ素直な気持ちになれます。人の話が抵抗なく聞けるようになります。ありのままの自分をさらけだすことができるようにもなります。そのため、他人とのコミュニケーションが円滑に図れるようになるというわけです。

そこで、あなたも非日常的な体験の一環として旅に出てはいかがでしょう。ただし、温泉につかって宴会で盛り上がり、お土産の一つも買って帰るといった旅は、あまりいただけません。また、スケジュールで自分を縛らないことも大切です。

あくまで、人との交流やふれ合いを第一の目的として考えるのです。そうすれば、素晴らしい縁があなたを出迎えてくれ、その縁によって、あなたの人生は良い方向に劇的に変わっていく可能性があるのです。

ヒラメキは、潜在意識からのメッセージです

あなたは、お風呂に入っているときや電車に揺られているとき、あるいは友達とおしゃべりしているときに、こんなぐあいに、フッとヒラメキを感じることはありませんか?

「どういうわけか、急に北海道へ行きたくなった」

「ご無沙汰している友人に手紙を書きたくなった」

「故郷にいる両親に電話をしたくなった」

もしそうなら、これからはその感覚を大事にしたほうがいいと思います。なぜなら、マインドレベルのアップに努め、人の縁を作ることに意識を集中させると、あなたが望む方向に潜在意識が作動するようになるからです。

つまり、あなたが「人の縁を作りたい」「運命の人と出会いたい」と強く願いつづけていると、潜在意識はその願望が実現するように、さまざまな合図を出して目的にかなった行動を取るように誘導してくれるのです。その最たるものが、ヒラメキなのです。

あなたもこれからヒラメキがわいてきて、それが「どうしても」という強い欲求を伴うなら、「これは、潜在意識が運命の人と巡り会わせるために出してくれたメッセージである」と考え、素直に従ってみるといいかもしれません。

実際、「ヒラメキに従って勉強会に出席したら、ある出版社の編集者と知り合い、その人の力添えで念願の本が出版できた」「五年ぶりに学生時代の同級生にコンタクトを求めたところ、彼が知り合いの弁護士を紹介してくれた。その弁護士のおかげで、長年抱えていた遺産相続の問題を解決することができた」という人がいます。

ただし、注意点を一つだけ指摘しておくと、必要以上に運命の人との出会いを意識してはならないということです。あまり期待しすぎると、良い結果ばかりを求めてしまうため、不発に終わったときに失望や落胆の念にかられるようになります。これでは逆効果です。

「縁が作れてもよし。作れなくてもよし」「運命の人に出会えてもよし。出会えなくてもよし」と、あくまで気楽に考え、自然体で行動することが重要です。そういう気持ちでいれば、いつか、素晴らしい出会いを体験できるはずです。

情報に敏感になれば、運命の人と出会う可能性があります

ソニーを創業した井深大《いぶかまさる》さんと盛田昭夫《もりたあきお》さんの出会いにまつわる、こんなエピソードがあります。

終戦直後、井深さんは、ラジオにコンバーターをつけると短波放送が聴けるという、当時としては画期的な情報を新聞各社に発表したことがありました。その記事をたまたま目にした盛田さんは、大きな衝撃を受けました。「こんな人と一緒に仕事がしたい」と強く感じ、井深さんに手紙でコンタクトを求めたのです。これがきっかけとなって、二人の付き合いが始まり、後に二人三脚でソニーを世界的なトップ企業に押し上げたことは、あまりにも有名です。

このように、情報があなたのマインドを刺激し、それがきっかけとなって行動力が強化され、人の縁が生まれるということがあります。

実際に、次のような話があります。

「自然食品店のチラシを見てその店に行ったところ、そこに来ていたお客さんと顔なじみになり、食事療法を教えてもらった。そのおかげで、アレルギー症状が

おさまった」

「雑誌の文通コーナーで知り合った人と意気投合し、その人から教えてもらった会社へ面接に行ったところ、好条件で転職できた」

あなたも情報に敏感になることをお勧めします。その場合、普段あまり読まない雑誌や新聞をめくったり、普段見ないテレビ番組を見ることがポイントになります。

また、ポストに入っているチラシも、ろくに見ないでポイッとまるめて捨てるようなことはしないで、ひととおり目を通すようにしましょう。インターネットをする人であれば、こまめにいろいろなホームページを検索してみるのも手です。現に、インターネットのホームページ上で知り合った人同士が意気投合し、共同で事業を始めたところ、大成功したという話もあります。

いずれにしても、潜在意識はまったくの偶然としか思えないような形で、私たちに人の縁、ひいては運命の人との出会いをもたらしてくれるのです。

人からの誘いは、運命の人と出会うためのチャンスです

これまで述べたことは、自らが動くことによって、人の縁を作るチャンスをつかむという「自力」によるものですが、一方で「他力」によってチャンスをつかめる場合もあります。その最たるものが、第三者、つまり他人からの誘導によるものです。

その好例として、Sさんの話をしてみたいと思います。Sさんは、建築設計事務所で二〇年にわたって設計の仕事をしていました。ところが会社が倒産したため、失業状態に陥ってしまったのです。

「どうしよう。四〇歳を過ぎているから、再就職をするにしたって大変だ」

Sさんが知人からロックのコンサートに誘われたのは、ちょうどそのときでした。「失業状態で、コンサートに行く身分じゃないしなぁ」という思いがそうさせたのか、最初のうちは気乗りがしなかったようです。しかし、気分転換を兼ねて思い切ってコンサートに行ってみたところ、これが縁を作るきっかけとなりました。コンサート会場で、偶然にも大学時代に所属していた軽音楽同好会の先輩と

再会し、Sさんが事情を話すと、先輩が知り合いの設計事務所を紹介してくれたのです。Sさんは運良く再就職を果たすことができました。

それればかりではありません。その先輩はSさんにお見合いの話まで持ってきてくれたのです。半年後にはめでたく結婚の運びとなったそうです。

再就職できただけでなく、結婚までするこことができたSさん。運勢がどんどん好転していったSさん。そうです。Sさんにとって、その先輩はまさしく運命の人だったのです。

こうした例は、私が調べた範囲においても、たくさんあります。ですからあなたも、「友達から旅行に誘われた」「同僚から合コンに誘われた」というときは、「新たな縁が生まれる可能性がある」「運命の人と巡り会えるかもしれない」と考え、億劫《おっくう》がらずに、できるだけ応じるようにしましょう。人からの誘いに応じるか否かで、その後の運命が変わる場合だってあるのですから。

ただし、この場合も、必要以上に運命の人との出会いを意識しないようにしましょう。「縁が作れてもよし。作れなくてもよし」「運命の人に出会えてもよし。出会えなくてもよし」と、あくまで気楽に考えて、自然体で行動することが重要です。

頼まれ事に気軽に応じてあげれば、新たな縁が生まれます

あなたは友人や知人から、「お願いがあるんだけど、忘年会に出席してもらえないかな」とか、「パーティの司会を引き受けてもらえないかな」と、頼まれ事をされたら、何と答えますか？　即座に「ＹＥＳ」と答えますか？　それとも、「ＮＯ」と答えますか？　あなたの都合にもよりますが、人から頼まれ事をされたら、これからはなるべく「ＹＥＳ」と答えてあげてください。

なぜかというと、頼まれ事に気軽に応じてあげることで、意外な形で新たな縁が生まれ、運命の人に出会う可能性が高くなるからです。

出版社で編集の仕事に携わっていたＭさんなど、その好例です。

あるときＭさんは、友達から引っ越しの手伝いを頼まれたことがありました。その引っ越しの手伝いを終えた帰り道、Ｍさんは軽い接触事故に遭ってしまったのです。幸い、大事には至らず、示談交渉で問題は解決しましたが、事故の相手の肩書きを知ってビックリ。なんと相手は、有名な風水の研究家だったのです。これが縁で二人は親密に付き合うようになりました。

一年後、Mさんはその風水師の本を手がけ、三〇万部を超えるベストセラーを作り出し、その功績が認められ、副編集長に昇格を果たしたのです。

この話はけっして特殊な例ではありません。たとえば、「友達から結婚式でエレクトーンを弾いてくれないかと頼まれ、会場で演奏したところ、そこで受付をしていた男性に見初められ、交際が始まり、半年後にはゴールインに至った」「知人から会社の新入社員の研修を頼まれ、沖縄に行ったところ、現地の人と親しくなり、定年後はその人の力添えで、沖縄に民宿をオープンさせることができた」という人もいます。

ですから、あなたも頼まれ事には快く応じてあげるといいと思うのです。そして、その回数が増えれば増えるほど、『誘導現象』によって、新たな縁を作り、運命の人と出会う可能性だっていっそう高まります。

さて、これまで述べてきたのは、自らを出会いが起こりやすい状態に持っていく方法でしたが、次項からは『シンクロニシティ現象』を意識的に活用することで出会いを起こす方法について述べていきたいと思います。

〝系列の法則〟を活用すると、運命の人が現れやすくなります

『シンクロニシティ現象』の一つに〝系列の法則〟というものがあります。この法則の一つは、同じ場所で同じことが立てつづけに起こる現象のことをいいます。

こういった話をよく耳にしませんか？

「Aという交差点では、トラックによる交通事故がよく起こる」

「Bという場所にある宝くじ売り場からは、高額の当選者が続出する」

といった現象がこれに当てはまります。

そこで、提案ですが、運命の人と出会うための方法として、この〝系列の法則〟を意識的に活用してみてはいかがでしょう。

たとえば、上司や同僚が、都内にあるCという喫茶店で、よく商談をまとめているとしたら、あなたもそこに出向いて商談を行ってみるのです。

また、友人や知人が、Dという場所でいつも開催される勉強会のおかげで、仕事運を好転させているとしたら、あなたもその勉強会に出席してみるのです。そうすれば、ほかの勉強会に参加するよりも、運命の人と出会う可能性が高くなる

はずです。

上司や同僚、友人、知人の言動にこだわる必要はありません。まったく面識のない人でもかまいません。『シンクロニシティ』は因果の法則とは無縁ですので、十分に繰り返される可能性があります。というのも、「大成功者のEさんは、このホテルのラウンジで、仕事上のベストパートナーであるFさんと知り合った」という情報をテレビや雑誌などで繰り返し見たり聞いたりしていると、それが潜在意識にインプットされ、その場所へ行くことによって、『シンクロニシティ』が起きやすくなるのです。

さあ、あなたも、「この場所に行けば、誰々さんのように、運命の人と出会えるかもしれない」「同じような内容の現象が再び起きる可能性が多分にある」とあくまで前向きに考え、〝系列の法則〟を積極的に活用してみてください。

どこかへ行って、やたらと相手を探しまわるよりも、『シンクロニシティ』を活用して行動したほうが、運命の人に遭遇する確率だって、はるかに高まるのです。

場所と時間の〝系列の法則〟を活用して、縁を育みましょう

前項で、運命の人との出会いを望むなら、同じ場所で同じことが立て続けに起こる〝系列の法則〟を活用するといいと述べました。〝系列の法則〟は場所だけに限ったことではありません。時間にも同じことがいえます。立てつづけに、もしくは一定のサイクルで同じような現象が起こることがしばしばあるのです。

その例が事故や災害です。ある場所で飛行機の墜落事故があると、翌日にも別の場所で飛行機の墜落事故があったり、特定の場所で五〇年周期で大地震が起きたり、二〇〇年周期で火山が爆発するというのは、まさにこの時間の〝系列の法則〟に当たります。

日本の歴史も例外ではなく、四～五世紀頃（統一王朝の誕生）、七九四年（平安京の誕生）、一一九二年（鎌倉幕府の成立。一一八五年という説もあり）、一六〇三年（徳川幕府の成立）と、ほぼ四〇〇年ごとに大きな転機を迎えています。

では、あなたの場合はどうやって〝系列の法則〟を活用していけばいいのでしょう。それは、お手本となる人と同じ時間帯に、同じような行動を起こすといい

と思うのです。たとえば、一〇年前の六月に、取引先のA社長が、運命の人と出会って、その人が事業資金を提供してくれたおかげで、脱サラを成功させていたとします。また、同じく取引先のB社長が、五年前の六月に同じく運命の人と出会い、その人の力添えで会社存続の危機を乗り越えていたとします。そうしたら、「どの人も五年周期の六月に運命の人に出会っている。私もその時期に積極的に人に会うようにすれば、運命の人と巡り会える可能性が高くなる」と考えるのです。そうすれば、潜在意識が運命の人の存在をキャッチし、かなりの確率で『シンクロニシティ現象』が起きやすくなるはずです。

また、場所の〝系列の法則〟と時間の〝系列の法則〟を組み合わせて行動するのも手です。たとえば、Cさんが数年前の八月に西の方角に行って、脱サラと独立を支援してくれる運命の人と出会っていたならば、あなたも同じように八月に西の方角に行ってみるのです。

もちろん、空振りに終わることだってあるかもしれません。でも、何もしないでいたり、やみくもに行動するよりも、縁を育み、運命の人と出会う確率はかなり高まるはずです。

数字の一致に敏感になると、運命の人が現れやすくなります

「誕生日がまったく同じである」「電話番号の末尾二桁の数字が同じである」「マンションの部屋番号がまったく同じである」「タイムカードの番号が同じである」「二人とも通勤電車は一両目に乗る」という人が身近にいたり、人づてに聞いたら、あなたのほうから積極的にコンタクトを求めるといいかもしれません。

数字や番号で『シンクロニシティ』が生じるというのは、相手と縁があり、運命の人である可能性がきわめて高いのです。

実際、「たまたま学生時代の出席番号が同じだった人と共同で事業を始めたら、大成功した」「今まで閑古鳥《かんこどり》が鳴いていたのだが、誕生日が同じ人のアドバイスで、行列のできる繁盛店に生まれ変わった」という話を私も聞いたことがあります。

また、『シンクロニシティ』が起こるのを待っているだけではなく、自分から意識して『シンクロニシティ』を作り出していくことも大切です。

たとえば、あなたが「Aさんと親しくなりたい」と思っていたとしたら、Aさ

んの好きな数字、もしくはAさんのラッキーナンバーを調べるのです。たとえば、それが三であるなら、あなた自身、三が好きになるように心がけ、自分をそれに同化させてしまうのです。

つまり、次に挙げたことなどを実践してみてください。

□駅の券売機は三番を使うようにする。
□銀行では三番のATMを使う。
□暗証番号に三を入れてみる。
□チケットは三番窓口で買う。
□座席などを選ぶときは三番にする。
□スーパーなどでの買い物は三番のレジで清算する。
□携帯電話のメモリーナンバーの三番にAさんの電話番号を登録する。

これ以外にも、数字にまつわるものがあれば、積極的にその数字を使うように心がけてみましょう。その過程において、二人の関係がだんだんと親密になったら縁のある証拠で、相手が運命の人である可能性が高いといっていいでしょう。

夢に敏感になると、運命の人に出会う可能性が高まります

人の縁を作り、運命の人と出会うために、夢の活用を挙げることができます。

一般的に、夢というのは、突拍子のないものや支離滅裂なものが多いものですが、たまに正夢《まさゆめ》というものもあり、夢で見たとおりの出来事が現実となる場合もあるのです。

実際、こんな話があります。

「ハワイで好きなタイプの男性と知り合い、一緒にマリンスポーツを楽しむ夢を見た。それに従ってハワイに行ったら、同じような現象が実際に起こり、帰国後も交際をつづけ、ついにゴールインした」

「会社が傾いてピンチを迎えたとき、取引先のA社長が大口の仕事を出してくれる夢を見た。翌日、実際にA社長に連絡したところ、本当に大口の仕事を出してくれ、ピンチを回避することができた」

では、夢を媒体に運命の人と出会うためには、どうすればいいのでしょう。一つは、「夢の中で運命の人と出会う」と絶えず思いつづけることが重要です。その

思いが想念となって潜在意識に刻み込まれると、潜在意識の誘導によって正夢を見る頻度が高まります。

もう一つは、運命の人と出会ったシーンをイメージしながら眠りにつくことです。眠りにつくまえの数分間、そのことに意識を集中させると、これまた想念となって潜在意識に刻み込まれるため、正夢を見る頻度が高まります。

また、夢のチェックも怠《おこた》ってはなりません。印象的な夢を見たら、たとえば場所や時間帯などをメモに書きとめておき、実際にそこに行ってみるのです。あるいは、夢の中に出てきた登場人物の名前や電話番号をしっかり書きとめておけば、あとで確認することだってできます。

印象的な夢を何度も見たら、ましてや見知らぬ人と出会う内容の夢を見たら、そのままにしておかないで、それをヒントに行動することです。もちろん、空振りに終わる可能性だってありますが、中には『シンクロニシティ』に関連しているものだってあるのです。

ツイているときは思い切り行動して、縁を増やしましょう

これまでの人生を振り返ってみて、こんな体験をしたことはありませんか？

「昨年の春から夏にかけて身体の調子がすこぶる好調で、仕事もはかどった。六月はとうとう営業ノルマを達成することができ、おかげで上司からほめられ、ボーナスもたくさんもらうことができた」

逆に、こんな体験をしたことはないでしょうか？

「一昨年の秋から冬にかけては不運の連続だった。風邪をこじらせたため、仕事に身が入らず、営業成績が不振に陥り、ボーナスも大幅にカットされた。挙句、年末には、三年間付き合っていた恋人からもふられてしまった」

何がいいたいかというと、前述した〝系列の法則〟というのは、良くも悪くも立てつづけに起こるということです。

そこで提案ですが、「最近はツイていることがいっぱい起きる」「ここのところ、やることなすことがすべて順調でうまくいっている」「偶然と思われることがよく起こる」というときは、「今、私はプラスの〝シンクロニシティ〟が生じやすい状

態にある」と考え、積極的に行動を起こしてみてはいかがでしょう。「勉強会や異業種交流会に出席する」「結婚相手を探しているならいろいろなパーティに参加する」などして、どんどん人と会うようにするのです。そうすれば『シンクロニシティ』の〝系列の法則〟がプラスに働き、もっともっとラッキーなことが起こります。そして、人の縁を作り、運命の人と出会う確率だって、グンと高くなるのです。

逆に、「最近はツイていない」と感じたときは、一度、その悪い循環を断ち切ることが重要です。そういうときは、やみくもに行動しないで、家で本を読む時間を増やしたり、なじみのお店で食事をする回数を増やすなどしてください。ワンクッション置くことで、マイナスの〝系列の法則〟を意図的に崩してしまうのです。

そうすれば、短期間のうちに、リズムはマイナスからプラスへと切り替わるようになります。

そのときをチャンス到来と考え、再び思い切り行動すればいいのです。

第8章のまとめ

◎運命の人と出会うためには、あなたのほうから積極的に行動を起こす必要がある。そのためには、日頃から腰を軽くし、すぐに動く習慣を身につけておこう。

◎運命の人と出会うためには、自らを出会いが起こりやすい状態に持っていく必要がある。そのためには、生活パターンに変化をつけたり、新しいことにチャレンジしたり、非日常的な体験をしたり、ヒラメキに従ったりと、情報に敏感になる必要がある。

◎運命の人とは第三者の誘導で出会うこともあるので、人からの誘いや頼まれ事には気軽に応じてあげよう。

◎運命の人と出会うためには、『シンクロニシティ現象』を意識的に活用することも重要になってくる。そのための一環として、〝系列の法則〟を活用したり、数字の一致や夢の内容に敏感になろう。そうすれば、やみくもに行動するよりも、縁を育み、運命の人と出会う確率はかなり高まるようになる。

◎ツイているときは、人の縁を作り、運命の人と出会う確率がかなり高い状態にあるので、思い切り行動しよう。

第9章

『シンクロニシティ』が「縁」を生みだす

―運命の人の見極め法―

縁を作るためには、『シンクロニシティ』に注意しましょう

これまで、人の縁を作り、運命の人に出会うための具体的な方法について述べてきました。しかし、あなたはこう考えているのではないでしょうか？

「そうやって特定の人と知り合い、縁を作ることができても、相手が運命の人かどうかがわからなければ意味がない」

「相手が運命の人であるかどうかを見極めるための判断基準みたいなものがわからなければ、見過ごしてしまう恐れがある。せっかくのチャンスを逃してしまうことになる」

しかし、心配はいりません。相手が運命の人ならば、すなわち、あなたと相手が時空を越えた潜在意識で深く結ばれていたり、前世からの縁があるならば、その出会い方に大きな特徴が生じるのです。

どういうことかというと、あなたと相手との間に、以下のような『シンクロニシティ現象』が起きるようになるのです。

○共通（二人の間で共通していることが多い）
○同感（二人とも境遇が似ていたり、感動部分が同じであったりする）
○共鳴（人生観、価値観、考え方が似ている）
○同時体験（二人とも、同じことを別の場所で体験している）
○運命好転（相手と出会った直後から、運命が好転していく）
○合致（お互い感覚が合う）
○相愛（出会った相手を愛する感情がこみ上げてくる）
○直感（出会った瞬間、ピーンとくる）

これらはどれも偶然のように思えるかもしれませんが、運命の人との出会いの中で起こる必然的なことなのです。

本章では、この八つのポイントをベースに、相手が運命の人かどうかを見極めるための具体的な方法について述べてみたいと思います。

「共通点」が多いほど、運命の人である可能性が高いのです

相手が運命の人であるかどうかを見極める第一のポイントは、もうおわかりだと思いますが、共通点がどれだけ多いかということです。

具体的にいうと、「お互いの出身地が同じである」「お互い、同じ沿線を通勤ルートとして使っている」「お互い、2DKのマンションに住んでいる」「お互い、ジャズが好きである」「お互い、猫を飼っている」「お互い、休日は健康ランドに行く」「お互い、スキーと登山を趣味にしている」「お互い、トマトが大好物だ」「二人とも、新宿にあるAという喫茶店をよく利用する」「二人とも天秤座で、血液型もB型である」ということに敏感になってもらいたいのです。

なぜなら、共通点が多いと話題に事欠かなくてすむし、お互いの生き方に賛同でき、コミュニケーションも図りやすくなるからです。それに何よりも、初対面でも打ち解けて話ができるため、安心感が持てるという利点があります。つまり、それだけ親密度が増していく可能性が高いのです。

その好例が、本田技研工業の創始者・本田宗一郎《ほんだそういちろう》さんと、彼の懐刀《ふところがたな》といわれ、

仕事上のベストパートナーだった藤沢武夫《ふじさわたけお》さんです。

　二人が共通の知人を介して初めて会ったとき、話がとてもはずみ、明け方までお酒を飲み交わしたといいます。それもそのはずで、「お互い、日本酒が大好きである」「お互い、アジの干物に目がない」「お互い、お風呂好きである」「お互い、民謡をよく聴く」といったように、共通点があまりにも多かったからです。そのため、二人はお互いに「ベストパートナーはこの男しかいない」と確信したというのです。その後の二人の二人三脚ぶりは歴史が物語るとおりで、ソニーの創始者・井深大《いぶかまさる》さんは、「藤沢さんは、本田さんの才能を一〇〇パーセント生かした賢明な経営者だ。本田さんは、藤沢さんの才能を一〇〇パーセント信じきった幸運な天才技術者である」と二人を絶賛しています。

　あなたも相手と会話する中で、どれだけ共通点が多いかチェックしてみることです。自分でもびっくりするくらい共通点が多ければ、相手は運命の人に違いないと考えていいでしょう。

「同感部分」が多い相手は、運命の人である可能性があります

相手が運命の人であるかどうかを見分けるための二番目のポイントは、相手と境遇が似ていたり、感動部分が同じであったり、やりたいことがまったく同じであるなど、同感部分での偶然の一致が多いことです。もう少し具体的にいうと、以下のような同感部分が複数あったら、運命の人である可能性が極めて高いといえるでしょう。

「お互い、長男として産まれた」
「お互い、子供のとき、両親が離婚している」
「お互い、一年浪人して大学に入り、大学では経済を専攻していた」
「お互い、同じ映画の同じシーンに感動していた」
「お互い、ビートルズが大好きで、同じ曲に感動していた」
「お互い、同じ本を愛読していた」
「お互い、ベジタリアンである」

同感部分が多いと、なぜ運命の人である可能性が高くなるのでしょう。

すでに述べたように、あなたと相手は出会う前から、潜在意識の中でネットワーク回線のようなもので結ばれているため、相手が運命の人だと、この回線がオフからオンへと切り替わるようになるのです。つまり、「回線が切り替わりましたよ」という合図が、同感という『シンクロニシティ』となって現れるわけです。

その好例が、明治維新の立役者として有名な長州の桂小五郎《かつらこごろう》と薩摩の大久保利《おおくぼとし》通《みち》です。二人は、当初、敵対関係にあったのですが、坂本龍馬《さかもとりょうま》の仲介で出会い、会話を重ねていくうちに、「お互いに、下級武士として苦汁《くじゅう》をなめた」「お互いに、『論語』と『太平記』を愛読していた」「お互いに、英語の勉強で悪戦苦闘していた」など、同感する部分があまりにも多いことにびっくりしたといいます。

こうしたいくつもの同感部分があったからこそ、二人は敵対関係にあったにもかかわらず、次第に意気投合するようになったのです。そして、ついには薩長同盟を成立させ、倒幕・維新という快挙を成し遂げることができたのです。

ですから、あなたも、前項で述べた共通部分のほかに、同感部分にも敏感になることです。その数が多ければ多いほど、相手は運命の人である可能性が高くなるのです。

「共鳴部分」が多い相手は、運命の人である可能性があります

前項で、桂小五郎と大久保利通にまつわるエピソードを紹介しましたが、実はこの話にはつづきがあります。二人はお酒を飲み交わしていくうちにこんなやり取りを始めたのです。

桂　「今のままでは、日本は列強諸国の植民地と化してしまう」

大久保「桂さんのいうとおりだ。列強諸国に対抗できる国作りをめざしていかなければいけないと私も思う」

桂　「そのためには、恥をしのんで列強諸国から最先端の技術を学び、軍備を補強していく必要がある」

大久保「本来ならば、幕府が率先してそのことを実行に移すべきなのだが……」

桂　「大久保さんのいうとおり。しかし、幕府にはそういう気持ちなど微塵《みじん》もない」

こうした会話から薩長同盟が生まれ、それが倒幕運動へとつながっていったわけです。

さて、ここで私がいいたいのは、二人とも人生観や価値観、考え方が似ていて、お互いに共鳴する部分がたくさんあったということです。

それまでお互い敵対関係にあったことを考えると、これはまさに『シンクロニシティ』といっていいのではないでしょうか。

そこで、あなたも、出会った相手と会話していく中で、次のように共鳴する価値観をたくさん発見できたら、その人はあなたにとって運命の人である可能性が高いと考え、縁を極力深めるようにしていくといいと思うのです。

「お互い、同じ政党を支持している」
「お互い、ボランティア活動に興味がある」
「お互い、晩年は都会を離れ、田舎で暮らすことを望んでいる」
「お互い、エコロジーに強い関心を寄せている」
「お互い、拝金主義に強い嫌悪感をおぼえる」

人生観や価値観、考え方が似ていると、お互いの生き方に賛同し合えるだけではなく、時と場合によっては、あなたが困っているときに、救いの手を差し伸べてくれるという利点があることも明記しておきましょう。

「同時体験」が多ければ、運命的なつながりのある証拠です

相手が運命の人であるかどうかを見極めるポイントとして、相手と同じことを別の場所で体験している同時体験が多いことも見逃せません。具体的にいうと、以下のような共通項がいくつも一致していたら、これまた運命の人である可能性が高いと考えてもらいたいのです。

「二人とも配偶者とは海外旅行で知り合った」「一〇年前、二人とも交通事故で怪我をしたことがある」「二人とも、五年前、転職していた」「二人とも、以前、ファミレスでウェイトレスのアルバイトをしていたことがある」「二人とも、昨夜はスパゲッティを食べた」「二人とも、先週の日曜日は同じ映画を観に行った」「二人とも、今年の夏休みは山に登った」

このように、お互いが同じ体験をしていると、喜びも悲しみも共有しやすくなります。お互いの心の痛みがわかり、共感能力が高まるようになります。そのため、おのずと意気投合し、コミュニケーションが図りやすくなるのです。

その好例が、ビートルズのメンバーだったポール・マッカートニーとジョン・

レノンです。

二人は、初めて顔を合わせたとき、

「二人とも、学生時代不良だったため停学処分をくらったことがある」

「二人とも、子供のころは、ベートーヴェンの曲をよく聴いていた」

「二人とも、一〇歳のとき、初めてピアノを弾いた」

「二人とも、一三歳のとき、レストランで皿洗いのアルバイトを経験したことがある」

「二人とも、出会う日の朝、クロワッサンサンドを食べた」

など、同時体験が多かったことにビックリしたといいます。だからこそ、意気投合し、それがビートルズの結成につながっていったのです。

あなたも身近にそういう人がいたら、「たまたま偶然だ」と考えるのではなく、潜在意識からの誘導による「意味ある偶然」としてとらえるといいかもしれません。「この出会いには大きな意味がある」と考えるのです。

ひょっとしたら、その人があなたのビジネス上のベストパートナーになってくれる可能性だってあるのですから……。

運命の人との出会いが、あなたの人生を好転させます

ここで、ちょっと話題を変え、大リーグで活躍しているイチロー選手の話をしましょう。イチロー選手がオリックス・ブルーウェーブ（当時）でプロデビューを果たした当初は、当時の監督の起用方針のため、一軍でプレーする機会がほとんどありませんでした。最初の二年間でわずか八三試合しか出場できず、合計でも三六本のヒットしか打てない、一介の無名選手に過ぎなかったのです。そんなイチロー選手に変化の兆しが現れたのは、監督が仰木《おおぎ》彬《あきら》氏に変わってからです。途端にヒットをたくさん打つようになり、世間から注目を浴びるようになったのです。その後の活躍は周知の事実ですが、この劇的な変化について、イチロー選手は記者団にこう語っています。

「監督が変わってから、考え方が急にポジティブになりました。いつも、愉快、爽快な気分でいられ、トレーニングにも身が入るようになったのです」

こうした話は、イチロー選手に限らず、スポーツの世界ではよく耳にするものです。親方が変わった途端、稽古に身が入るようになり、関取に昇進することが

た等々……。

できた。コーチが変わった途端、成績が上がり、国体に出場を果たすことができ

あなたの場合はいかがでしょう？　「A課長の下で働くようになった途端、営業成績がみるみるアップするようになった」「取引先のB社長と付き合うようになってから、人脈が一気に広がっていった」というような経験はありませんか？　もしそうなら、「相手は運命の人である可能性がきわめて高い」と考え、その人との縁を今まで以上に大事にするべきです。

運命の人には、あなたの人間性や能力を高めてくれる力があるため、付き合えば付き合うほど、縁を深めれば深めるほど、あなたの運が開けてくるのです。

あなたも、イチロー選手の言葉を参考に、「誰々と会うと気分が愉快、爽快になる」「誰々といると仕事に身が入る。能力が存分に発揮できる」ということを一つの判断基準にしてはいかがでしょう。そして、思い当たるフシがあれば、あなたから率先してその人に歩み寄っていくように心がけてほしいのです。

いい換えると、「誰々と会うと気分が愉快、爽快になる」などは、〝意味ある偶然〟、すなわち『シンクロニシティ』の一種で、今後のあなたの人生を左右する重大なメッセージが隠されている証拠なのです。

「感覚が合う」と感じるのは、運命の人である証拠です

前項で、「誰々と会うと気分が愉快、爽快になる」「誰々といると仕事に身が入る。能力が存分に発揮できる」というのは〝意味ある偶然〟で、今後のあなたの人生を左右する重大なメッセージが隠されている証拠であると述べました。同様に、以下のような感情が相手に対してわき起こったら、これまた〝意味ある偶然〟としてとらえ、相手は運命の人である可能性が高いと考えてもらいたいのです。

「この人と何時間しゃべっていても飽きない」

「一緒に行動することが多い」

「あの人のそばにいると気持ちが安らぐ」

「相手の欠点がまったく気にならない」

「ツーといえば、カーという関係でいられる」

こういう感情がわき起こるというのは、「この人のことが好きだ」「親しみを感じている」という次元を通り越して、お互いがお互いを本能的に求め合っている証拠なのです。そうです。ひと言でいってしまえば、感覚が合っているのです。

その好例として、共同経営を挙げることができます。よく、友人同士が共同で会社を興してもうまくいかない場合が多いという話を耳にします。それは、お互いが同等格の立場であるにもかかわらず、そこに利害が入り込むことによって、上下意識や競争心、優劣意識などが生じ、それがマイナスの感情へと転化してしまうからです。

しかし、共同経営がうまくいっているコンビを見ると、上下意識や競争心、優劣意識といったものがないため、お互いがお互いに対してマイナスの感情を抱くことはほとんどありません。それどころか、「相手あってこその自分」という意識が強く、喜びも悲しみも共有できるため、力を合わせてピンチや難関に挑むことができます。

あなたも仕事上のベストパートナーが欲しければ、「相手の欠点がまったく気にならない」「ツーといえば、カーという関係でいられる」「相手の利益を優先的に考えられる」という相性の人を探し出すことです。それさえかなえば、あなたのビジネスライフは鬼に金棒で、仕事で自己実現を果たすのは時間の問題となるのです。

愛情が持てるのなら、それは運命の人かもしれません

友人のAさんが絵画の個展を開き、あなたを招待してくれたとします。ところが、当日はどしゃぶりの雨でした。さて、そんなとき、あなたならどうしますか？　「今日は雨がものすごく降っているから……」と考え、個展を見に行くのをやめようとしますか。あるいは、友人のBさんが演劇に出演することになり、「明日観に行こう」と、あなたが考えていたとします。しかし、あいにく、不意の出費があったら、あなたならどうしますか？　「給料日まで待とう」と考え、明日観に行くことを延期しますか。

たとえ同じ事態に遭遇しても、「雨に濡れてもいいから、個展に行ってあげたい」「食費をけずっても、Bさんの演劇を観に行きたい」という感情が強いなら、相手は運命の人である可能性が高いといえるでしょう。そういう気持ちになれるのは、「この人を助けたい」「守りたい」「この人の幸せを心から祝福したい」という相手を慈《いつく》しむ感情、すなわち「利他愛」が強い証拠だからです。

なぜ、「利他愛」が運命の人に関係するのでしょう。「利他愛」が強いということ

とは、相手の生き方や考え方に賛同し、なおかつ相手の幸福を祝福できる証拠です。相手を慈しむことで、自分もまた幸せになれることを無意識のうちに察知しているのです。

それは相手も同じで、もし相手が運命の人なら、相手もあなたに対して同様の感情を抱くようになるという特徴があるのです。

ですから、あなたも特定の人に対して、次のような感情が抱けるかどうかをチェックしてみるといいかもしれません。数が多ければ多いほど、相手は運命の人である可能性が大なのです。


「あの人のことを心から尊敬している」

「あの人の幸福と成功を心から喜べる」

「あの人のために尽くしたい。支えてあげたい」

「あの人のためには一切の協力を惜しまない」

「あの人のためには少しぐらい自分が犠牲になってもいいと思う」

「あの人が犯した過ちなら、許せると思う」


あなたの周りにそんな相手はいますか?

出会った瞬間の第一印象やヒラメキを大事にしましょう

お見合いパーティなどで、初めて出会った瞬間、「ピーンとくるものを感じた」とか「初めて会ったにもかかわらず、なぜかなつかしい感じがした」という直感が働いたという話をよく耳にします。これはまさに、相手が運命の人である可能性大なのですが、ここで肝に銘じてほしいのは、これは異性に限ったことではないということです。

得意先の人、交流会や勉強会で名刺を交わす人、パーティや趣味のサークルなどで知り合う人を含め、これから初めて出会う人に対して、「この人とはどこかで会ったような気がする」「この人とはウマが合いそうだ。一生、仲良く付き合えそうな気がする」といった直感がわき起こったら、相手は運命の人である可能性が高いと考えてもらいたいのです。

なぜかというと、一つは潜在意識の働きが関係しています。潜在意識は万能で、あなたが今後出会う人に関する大量の情報をストックしています。そのため、あなたが運命の人と出会ったとき、潜在意識は大量の情報ストックの中から、「この人が運命の人ですよ」というシグナルを発してくれる場合があるのです。つまり、それが直感なのです。

もう一つは、繰り返しになりますが、あなたと運命の人は、出会う前からネットワークのような回線でつながっているため、それが瞬時にオフからオンへと切り替わる点が挙げられます。つまり、そのサインが直感となって現れるわけなのです。

あなたもこうした直感が働くかどうかを意識しながら、初対面の人に接していきましょう。そうすれば、運命の人に出会う確率もよりいっそうアップするというものです。

ただし、こうした直感がわかないからといって、「運命の人ではない」と決めつけるのは早計です。二度、三度と会っていくうちに、直感がわいてくる場合もあるし、前述した『シンクロニシティ要素』、すなわち「共通点が多い」「二人とも境遇が似ていたり、感動部分が同じである」「二人とも、同じことを別の場所で体験している」といった〝意味ある偶然の一致〟が優先的に現れる場合だってあるからです。

素敵な出会いが起こることを、いつも期待しましょう

本章では、知り合った相手が運命の人であるかどうかを見極めるための方法について述べてきましたが、最後に一つだけ注意点を指摘しておきましょう。それは、「〝シンクロニシティ〟がなかなか起こらない。だから、私は運命の人と出会えないのではないか」と焦ってはならないということです。

実は、『シンクロニシティ現象』は、あなたの気がつかないところでも頻繁に起きているからです。

たとえば、あなたが今度の休日、ある画家の展覧会に行こうと思っていたら、翌日、その割引券が手に入ったというような体験をしたことはありませんか？「たまにはイタリア料理でも食べようかなぁ」と思っていたら、同僚からイタリア料理を食べに行こうと誘われたことはありませんか？　あるいは、「あの人どうしているかなぁ」と思っていたら、偶然、その人から電話がかかってきたという体験はありませんか？

実は、こういった現象もすべて『シンクロニシティ』なのです。そして、そう

いったことが何日もつづくようなら、「運命の人ともグッドタイミングで必然的に出会いやすくなる」と考えるようにしてください。

マイナスの現象に見舞われ、運命の人の存在を忘れそうになったときも同じです。「会社をクビになったのには意味がある。地方へ転勤になったのには意味がある。大口の取引先と商談が破談になったのにも意味がある。これらはすべて、運命の人と出会うための前触れかもしれない」と考えるようにするのです。

そうすれば、意外な人があなたのために一肌ぬいでくれるかもしれません。その人の紹介や斡旋《あっせん》で、以前よりも条件が良くて、才能が存分に発揮できる会社に就職することができるかもしれないのです。脱サラして独立を考えているのであれば、「一切の協力を惜しまない」といって、応援してくれる人が現れる可能性だってあるのです。

いつもそういう明るいことだけを考え、素晴らしい出会いが必ず訪れることを期待し、毎日を楽しく過ごしていこうではありませんか。そうすれば、「強く願ったことは現象として現れる」という心の法則によって、近い将来、あなたの目の前に必ず運命の人が現れるようになるのです。

第9章のまとめ

◎相手が運命の人かどうかを見極めるためには、「共通点」がどれだけ多いかを探ることが重要だ。

◎境遇が似ていたり、感動する部分が同じなど、「同感部分」が多ければ、運命の人である可能性が高い。

◎考え方や価値観に「共鳴する部分」が多いと、相手は運命の人である可能性が高い。

◎「同時体験」の回数が多ければ、運命の人である可能性が高い。

◎特定の人と付き合ううちに運命が好転してきたら、相手は運命の人である可能性が高い。

◎感覚が合うというのは、お互いがお互いを本能的に求め合っている証拠である。

◎「この人を助けたい」「守りたい」「この人の幸せを心から祝福したい」という、相手を愛する感情が強ければ、運命の人である可能性が高い。

◎「この人とはどこかで会ったような気がする」「この人とはウマが合いそうだ。一生、仲良く付き合えそうな気がする」といった直感がわき起こったら、相手は運命の人である可能性が高い。

第10章

「縁」を強化すれば、運命は思い通りに操れる

倍返しの精神を大事にすると、縁を深めることになります

運命の人とは、単なる人脈のレベルではなく、魂のレベルでつながっている運命的に出会うべくして出会う相手であることは、すでに述べたとおりです。

しかし、ここで注意してもらいたいのは、人によってはそのことがすぐに理解できない場合があるということです。数カ月、あるいは何年か付き合っていくうちに、「あの人は、運命の人だ」ということがわかることだってあるのです。

そのためには、相手が誰であれ、出会った人との縁を深めていく努力をしなければなりません。そうでないと、相手が運命の人であっても、潜在意識の中で結ばれているネットワーク回線がオンからオフへと再び切り替わってしまいます。

これを防ぐためには、日頃から、誰とでも良好な人間関係を築くようにするほか、受けた恩は絶対に忘れないようにすることが重要です。むしろ、倍返しの精神を持つように心がけてほしいのです。

といっても、何か特別なことをやりなさいといっているのではありません。人からお世話になったり、頼み事を聞いてもらったときは、今まで以上に誠意を持

って相手に接していくようにすればいいのです。「毎年、年賀状や暑中見舞いのハガキを必ず出すようにする」「感謝の気持ちを形として表したい場合はお中元やお歳暮を贈るようにする」。こういった姿勢が、より信頼の厚い縁作りにつながっていくのです。

また、就職先を斡旋《あっせん》してもらったり、お見合い相手などを紹介してもらったときは、相手のほうに出向き、報告かたがた、丁寧にお礼を述べる習慣を身につけましょう。そうです。結果はどうあれ、相手に誠意を表すのです。感謝の気持ちを示すのです。そうすれば、「この恩はけっして忘れません」という思いが相手にもヒシヒシと伝わるため、二人の絆《きずな》はより強固なものになるはずです。

さあ、あなたも、お世話になった人たちの顔を思い出し、倍返しの精神で相手に接しているかどうかを、今一度、確認してみてください。

新たに運命の人を探さなくたって、案外、その人たちが運命の人である可能性だってあるのですから……。運命の人は、もうすでに、あなたの身近に存在しているかもしれないのです。

自分が困っているときこそ、相手のことを優先してください

人生に波はつきものです。好調なときもあれば、不調なときだってあります。おもしろいのは、自分が好調なときには「われもわれも」と大勢の人が集まってくるのに対し、いったん不調に陥ると、潮が引いたようにパーッと去っていってしまうことです。

あなたの場合はいかがでしょう？「部長はもうすぐ定年退職する。これからはお中元もお歳暮も贈るのをやめておこう」「あの人はリストラに遭い、得意先を辞めた。だから、今更取り入る必要なんてない」などと考えてはいませんか。

もしそうなら、今すぐに、そんな考えはつつしむべきです。むしろ、相手が不調に陥ったとき、ピンチや逆境に見舞われたときにこそ、相手のことを優先して考えるように努めてはいかがでしょう。それも、自分が困っていたり、大変なときにこそ、相手に救いの手を差し伸べるようにするのです。

もっとも、こういうと、あなたは次のように反論するかもしれません。

「自分のことだけで精一杯で、他人のことなどかまっている余裕なんてない」

「他人に救いの手を差し伸べる気持ちが大切なのは百も承知なのだが、私も大変なのだ」

しかし、私は何も、自分を犠牲にしてまで、相手のことを優先して考えなさいといっているのではありません。「これだったら、私にもできる」ということを行うだけでいいのです。

先に述べたように、「相手が困っていたら、親身になって相談に乗ってあげる」「自分には手に負えそうもない問題だったら、その道のエキスパートを紹介してあげる。あるいは、知識や情報を提供してあげる」。こういったことを、可能な範囲、無理のない範囲で行うだけでいいのです。

そんなあなたの姿を目の当たりにすれば、相手だって、「自分のために、この人はここまでしてくれた」と胸を打たれ、大いに感動します。「このお礼はどこかでキチンと返そう」という気持ちになります。あなたとの付き合いをますます大事にすることを考えます。

こうしたプロセスを経て、二人の絆、すなわち縁はいっそう深まるようになるのです。

相手の過ちを許す寛容な姿勢が、縁を深めていくのです

いくら、相手と仲が良くても、人はついつい相手の過ちを指摘したり、些細なことで感情的になってしまうものです。

そのいい例が、待ち合わせ時間に相手が遅れてきたときです。こういうとき、私たちはついつい、「いったい、この人は何十分、待たせれば気がすむのだ」と考え、相手にその感情をぶつけてしまいがちです。しかし、それをやってしまったら、お互いバツの悪い思いをするだけで、後々までシコリを残しかねません。

あなたの場合はいかがでしょう。思い当たるフシはありませんか？　そこで、そういうときは相手の立場に立って物事を考える『代理想像』を行ってみることをお勧めします。

たとえば、相手があなたとの待ち合わせ時間に大幅に遅れてきたとしたら、まずはこう考えてみるのです。

「もしかして、出掛けるときにトラブルが生じたのかもしれない」

「人身事故の影響で交通ダイヤが乱れたのかもしれない」

いかがでしょう。このように考えれば、「いったい、この人は何十分、待たせれば気がすむのだ」という怒りの気持ちがだいぶおさまるのではないでしょうか。

知人と道端ですれ違い、無視されたときも同じです。「あの人は考え事をしていたのかもしれない」とか、「ひょっとしたら、コンタクトレンズをつけ忘れたのかもしれない」と考えれば、それほど不快な思いをしないですむはずです。

また、相手が過ちを犯した場合、必要以上に正しさを主張しないことも大切です。人前で過ちを追及したり、正論ばかり振りかざすと、相手のプライドを傷つけることになり、人間関係にミゾを作る結果となるからです。人間、人前で恥をかくほどつらいことはないのです。そういうときはＴＰＯをわきまえ、一対一のときにさりげなく注意するようにしましょう。

いずれにしても、相手の過ちを受け入れ、許せるものは許してあげるようにし、必要以上に正しさを主張しない。こういった寛容な心がけが、縁の強化につながっていくのです。

誠意と本音で話していれば、相手も心を開くようになります

他人から、「お給料はいくらぐらいもらっているのですか?」といわれたら、あなたなら何と答えますか? こういうと、たいていの人は経済的に困っていても、「まあ、そこそこです」とか「安月給なもので……」といって、適当にはぐらかしてしまうのではないでしょうか。

また、本当は仕事で悩みを抱えているのにもかかわらず、「何か、仕事で悩んでいることはありませんか?」と尋ねられたら、これまた、「別に、これといってありませんが……」と曖昧《あいまい》に返答するのではないでしょうか。

しかし、出会った人との縁を深めていくためには、ましてや相手が信頼することができる運命の人である可能性が高いようなら、思い切って本当の自分をさらけ出してみてはどうでしょう。

その場合、心理学でいう『自己開示』を肝に銘じると、なおベターです。『自己開示』とは、言語で自分自身に関する情報を他者に伝えることをいいます。

給料の例を引き合いに出しながら、もう少し具体的に述べてみましょう。

まず正直に、「これぐらいの給料しかもらっていない」ということを相手に伝え、次に、「だから生活が大変だ」といったことを告げるのです。これが『自己開示』に当たります。

この『自己開示』を行えば、相手はあなたにいっそうの親しみを感じるはずです。

なぜなら、人は丸裸になった人間に、好感を寄せる習性があるからです。「この人は飾ったりしない」「私に本心を出してくれている」という気持ちが伝われば、あなたに対して本気を感じ、「この人は信用できる。この人のために何とかしてやろう」という感情につながっていくかもしれません。

相手が信用できる人ならば、あなたも自分という人間のうわべを飾っているもの、すなわち、こだわりや羞恥心《しゅうちしん》、見栄といったものを捨て去りましょう。そして、自分という人間を今まで以上にさらけ出し、誠意と本音で相手に接してみることです。それができるようになったとき、二人の間に最高の感動が生まれるようになるのです。

相手の信頼をうらぎると、縁にヒビが入ります

相手と親しくなると、人によっては、ついつい馴《な》れ合いの習慣が身についてしまい、細かいところに神経が行き届かなくなるものです。

たとえば、知人と会ったとき、「今度、食事でもしませんか？」近いうちに、私のほうから連絡します」といって、そのままにしてはいませんか？　もし、思い当たるフシがあれば、今日から早速改め、一週間、遅くとも一カ月のうちに、あなたのほうから連絡するようにしましょう。そうです。「親しき仲にも礼儀あり」という自覚のもと、約束をキチンと守るように心がけてほしいのです。それをないがしろにすると、「あの人は口先だけの人で、いい加減なところがある」と、相手はあなたに対して不信感を抱くようになります。

ですから、自分が口にしたことは、絶対に守りましょう。極端なことをいえば、出席を予定していたパーティを急用でキャンセルせざるをえないときでも、会費を払うぐらいの心づもりでいてほしいのです。そうすれば、相手だって、「この人は責任感のある誠実な人だ」という印象をあなたに抱くはずです。

また、相手とどんなに親しくなろうとも、名前を呼ぶときも注意を払いましょう。相手が目上なら、「さん」付けで呼び、TPOに応じては「社長」「専務」「部長」「先生」と呼ぶようにするのです。それは年下の人に対しても同じで、余程、仲のいい友達ではない限り、「くん」ではなく「さん」付けで呼ぶようにしましょう。

また、相手の秘密を守ることも、信頼関係を保つための最低限のエチケットです。相手があなたに秘密を告白するというのは、それだけあなたのことを信用している証拠なのです。ですから、相手が「ほかの人にはいわないでください」といってきたことは、どんなことがあっても、他人にもらさないようにしましょう。

あの世界のホンダを創業した本田宗一郎《ほんだそういちろう》さんも、「人に友情を求めるならば、まず相手の秘密を守ることだ。縁を深めたいなら、たとえ拷問にあったとしても秘密をもらさない腹づもりでいることだ」といっています。

頻繁に近況を報告し合えば、縁はますます深まっていきます

一昔前、小学生や中学生、特に女の子の間で、交換日記というものが流行《はや》ったことがありました。交換日記とは、友人間でノートをまわし、順に自分の思っていることや考えを書き込んでいくというものです。

これは恋人同士の間でも流行し、交互にお互いの心境を書き連ねることで、愛を育んでいく手段として重宝されました。

そこで、あなたも縁を深めるための一環として、交換日記を参考にし、お互いの近況をコンスタントに報告し合ってみてはいかがでしょう。

といっても、学生時代のように、ノートをまわし合いなさいといっているのではありません。一週間に一度、それが無理なら一カ月に一度だけでもいいですから、電話やメール、ハガキや手紙などでやり取りを行い、お互いが思っていることと、嬉しいこと、悩んでいることを報告し合うだけでいいのです。

あるいは、定期的に会って食事をするのもいいでしょう。また、家族ぐるみの付き合いができれば、なおベターです。お互いの家を行き来するだけでなく、一

緒にハイキングやドライブやコンサートなどに出かけたり、ときには旅行に行くなど、みんなで楽しい体験を共有すれば、親密度がいっそう増してきます。

そして、双方の絆が深まり、「お互い、一切の協力を惜しまない」という間柄になれたら、あなたの夢や願望を思い切って打ち明けてみるのです。

「私は近々、脱サラして独立しようかと考えています。そのときは、お力添えのほど、よろしくお願いいたします」

「いつか、海外に移住することを考えています。できる範囲でかまいませんので、どうか力をお貸しください」

このとき、相手が二つ返事で首を縦に振ってくれたらしめたものです。余程のことがない限り、二人の間に亀裂は生じません。あなたは相手から厚い信頼を勝ち得て、強固な縁を築いたことになるのです。

他人の幸福を願えば、縁という形で還元されます

高校卒業後、北海道の寒村から単身上京し、一代で年商八〇億円の建設会社を築き上げることに成功した、Aさんという人がいます。

そのAさんには、三〇年間、欠かしたことのない日課があります。それは、社員はもちろんのこと、これまでお世話になった人を含め、親しくしている人たちの幸福と成功を神棚に向かって、祈りつづけていることです。

「Bさんの心臓病が一日も早く良くなりますように……」

「Cさんが無事、海外旅行から帰ってこられますように……」

「Dさんの息子さんが、第一志望の大学に合格しますように……」

これを毎朝、五時に起きて、一時間以上もつづけるというのです。

また、社員の娘が結婚したり、取引先の社長が古稀《こき》を迎えるというニュースを耳にしたら、自宅に招いてパーティを開催するといいます。そればかりではありません。以前、仕事で同業他社と発注工事の落札をめぐってトラブルが起きたときも、「同業者が繁栄しますように……」といって、相手の幸福を願いつづけたと

いうのです。すると、不思議なことに、相手のほうから「この仕事からは手を引きます」といってきたらしいのです。

Aさんの成功の要因はいくつも挙げられます。「才能があった」「人一倍努力した」等々。しかし、あえていわせてもらえば、毎日の日課、すなわち他人の幸福と成功をいつも願いつづけた姿勢が、成功の要因になっているような気がしてならないのです。

すでに述べたように、すべての人間の心は、潜在意識とつながっています。ですから、他人の幸福と成功を願えば、『おうむ返しの作用』によって、自分にも多大な恩恵となって跳ね返ってくるのです。

あなたも自分を取り巻くすべての人の幸福と成功を願いつづけようではありませんか。いつ、いかなるときも、自分自身に願うことを他人のためにも願おうではありませんか。

そうすれば、それが縁という形となって還元され、驚くべき幸せな経験を自分に引き寄せることができるのです。

『シンクロニシティ』の連鎖に気づけば、運命が好転します

最後にもう一度、『シンクロニシティ』の話をしてみたいと思います。

あなたがAという体験をし、数年後にBという体験をしたとします。しかし、後になってよくよく考えてみたら、Bという体験をするには、その前にAという体験をしなければならなかった。そして、Bという体験をしたからこそ、Cという体験ができた。こんなことって、ありませんか？

あるいは、あなたが学生時代にAさんと出会って、いろいろなことを学んだとします。そして、社会人になってからBさんという人と出会い、彼からもいろいろなことを学んだとします。しかし、よくよく考えてみると、Aさんの教えがあったからこそ、Bさんの教えをすんなりと受け入れることができた。このような体験もあるのではないでしょうか。実は、これこそが『シンクロニシティ』の連鎖なのです。

私がまさにそうでした。前述したように、私は、サラリーマン時代、配属先の愛知県でヨガの先生と出会い、人生哲学に興味や関心を持つようになりました。

そして、その研究に没頭する過程において、いろいろな人から人生哲学のノウハウを学び、それをベースに独自の人生哲学を編み出すことができました。そのおかげで、何冊もの本を出版することができたのです。

その時々に体験したことは、一つの点のようなものに過ぎませんが、それらを結ぶと一本の線ができあがり、この線を未来に延ばしていけば、理想とする将来像が見えてくるような気がするのです。

あなたも「今の体験」を〝点〟として大切にしようではありませんか。その点を足がかりに、次の点につなげていこうではありませんか。そうすれば、それが意味ある偶然の連鎖、すなわち〝線〟となって、あなたの人生をより良い方向に導いてくれるはずです。

そして、その線引きのお手伝いをしてくれるのが、ほかならぬ運命の人です。運命の人の数が多ければ多いほど、あなたは幸運な人生を歩むことができるようになります。

第10章のまとめ

◎お世話になった人たちの顔を思い出し、倍返しの精神で相手に接しているかどうかを、確認してみよう。案外、その人たちが運命の人かもしれない。

◎相手が不調に陥ったとき、ピンチや逆境に見舞われたときにこそ、相手のことを優先して考えるように努めよう。二人の絆はいっそう深まるようになる。

◎相手に対してマイナスの感情がこみ上げてきたときは、『代理想像』を行おう。

◎『自己開示』を肝に銘じ、誠意と本音で人に接していこう。

◎口にしたことは必ず守る、名前を呼ぶときには注意を払う、相手の秘密を守るなど、礼儀を重んじよう。

◎お互いの近況をコンスタントに報告し合えば、親密度はいっそう増していく。

◎自分自身に願うことを他人のためにも願えば、それが縁という形となって還元されるようになる。

◎『シンクロニシティ』の連鎖に気づけば、幸運な人生が歩めるようになる。

植西　聰（うえにし・あきら）

東京都出身。著述家。学習院高等科・同大学卒業後、資生堂に在職。1982年、ウィーグル研究所を設立し、「人生哲学」、「心理科学」などの研究に従事。1986年、「成心学」理論を確立し、著述・カウンセリング活動を開始。1995年、「産業カウンセラー」（労働大臣認定資格）を取得。現在は著述を通じて人々に喜びと元気を与えている。

〈近著〉『自分が変わる魔法のメッセージ』（KKベストセラーズ）『ヘタな人生論よりイソップ物語』（河出書房新社）『不安を自信に変える練習帳』（集英社）『幸運がやってくる100の習慣』（PHP研究所）『運に愛される魔法の言葉―Lucky fortune 80』（ぶんか社）『話し方を変えると「いいこと」がいっぱい起こる！』（三笠書房）『あなたを変える1週間の習慣』（インデックス・コミュニケーションズ）『宇宙銀行―徳を積み立てると幸運が引き出せる』（サンマーク出版）

●本文デザイン／金親真吾
●編集協力／円谷直子
●ＤＴＰ製作／ディーキューブ

人と運を引き寄せる心理法則

著　者 ――――――――――――――――――植西 聰
発行者 ――――――――――――――――――永岡修一
発行所 ――――――――――――――株式会社永岡書店
〒176-8518　東京都練馬区豊玉上1-7-14
代表 ☎ 03（3992）5155　編集 ☎ 03（3992）7191
印　刷 ――――――――――――――――――図書印刷
製　本 ――――――――――コモンズデザイン・ネットワーク
ISBN978-4-522-47599-7　C0176
落丁本・乱丁本はお取り替えいたします。①